PHANTASUS
poema-non-plus-ultra

PHANTASUS
poema-non-plus-ultra
de Arno Holz

Simone Homem de Mello

TRADUÇÃO DO ALEMÃO E APARATO CRÍTICO

 PERSPECTIVA

COLEÇÃO SIGNOS
dirigida por Augusto de Campos

Coordenação de texto Luiz Henrique Soares e Elen Durando
Edição de texto Mônica Ribeiro e Ribeiro e Marcio Honorio de Godoy
Revisão Marcio Honorio de Godoy
Capa e projeto gráfico Sergio Kon
Produção Ricardo W. Neves, Sergio Kon,

CIP-Brasil. Catalogação na Publicação
Sindicato Nacional dos Editores de Livros, RJ

M481p
   Mello, Simone Homem de
   Phantasus poema-non-plus-ultra de Arno Holz / Simone
Homem de Mello. - 1. ed. - São Paulo : Perspectiva, 2022.
   264 p. ; 17x24 cm. (Signos ; 61)

   Inclui bibliografia
   ISBN 978-65-5505-102-5

   1. Holz, Arno, 1863-1929 - Crítica e interpretação.
2. Literatura alemã - História e crítica. I. Título. II. Série.

22-77126
                    CDD: 830.9
                    CDU: 821.112.2.09

Meri Gleice Rodrigues de Souza - Bibliotecária - CRB-7/6439
07/04/2022   12/04/2022

1ª edição

Direitos reservados à

EDITORA PERSPECTIVA LTDA.

R. Augusta, 2445, cj. 1
01413-100 São Paulo SP Brasil
Tel.: (55 11) 3885-8388
www.editoraperspectiva.com.br

2022-

Sumário

Post Scriptum, d'Avance, 10
Notas Editoriais, 14
[...antes de vir à luz...] , 16 e 17
[...retorno contínuo...] , 18 e 20

Arno Holz, "Phantasus" e as Vanguardas , 24
["Inferno", em Quatro Edições] , 40 e 41

Projeto Phantasus em Expansão , 64
[...éons e éons já ciente de mim...], 70 e 75

Escrita-Ação: Poesia Como Dinâmica Escritural , 82
[...em arabescos bizarros, fantásticos e desatinados...] , 94 e 96
[...em torno de um arabesco que se arqueia...] , 98 e 104

Livro-Múndi: A Utopia do "Poema-non-plus-ultra", 112
[...quedas d'água vertendo vórtices...] , 118 e 120
[...o podômetro protocola...], 122 e 126

Poesia-Linguagem: Poema Como Aporia, 132
[...através desses pântanos fluidos...], 148 e 151
[...serras paralelas, semeadas de agrestes...], 154 e 156

"Phantasus" em Traduções (1915 a 2015), 160
[...uma topografia todavia nem tão fidedigna...], 172 e 174
[...seus vórtices em meio ao silêncio insonoro...], 176 e 178

Um Projeto Tradutório Para "Phantasus" (1916), 182
[...este "Rhythmikon"...], 204 e 208

A Tradução do Movimento, 214
[...corredores se enleando labirínticos...], 228 e 231

Poema-non-plus-ultra "Phantasus", 234 e 238
[...espreitam ciprestes...], 242 e 245
[...o que em mim lembra se alastra...], 248 e 250

Bibliografia, 254
Fontes dos Textos Traduzidos, 259
"Phantasus" e Outros Textos de Arno Holz, 259

Post Scriptum, d'Avance

O poeta alemão Arno Holz passou a existir no Brasil após a publicação de traduções de alguns de seus poemas por Augusto e Haroldo de Campos, realizadas em coautoria ou individualmente, a partir de 1962. Sem esse impulso, certamente a presente tradução não existiria.

Mesmo entendendo-se como um desdobramento desse impulso inicial, esta publicação não promete nenhuma novidade fundamental sobre esse poeta de vanguarda, sem cujo impulso – por sua vez – a poesia expressionista alemã certamente não seria o que é. Isso porque a produção poético-tradutória e ensaística de Augusto e Haroldo sobre Holz, quantitativamente escassa, esgotou, em termos qualitativos, o que poderia ser dito de relevante sobre esse poeta. Digo isso após ter rastreado um século de crítica literária sobre a poesia de Arno Holz e de traduções de *Phantasus* para línguas anglogermânicas e neolatinas. O aparato crítico deste livro revelará os motivos dessa afirmação.

Nesse sentido, este livro se considera apenas um *post scriptum*. O que ele traz de novo sobre Arno Holz talvez seja apenas o recorte. Tanto Augusto como Haroldo optaram, em suas traduções de diferentes edições de *Phantasus*, por poemas breves, bem delimitados e caracterizados por uma nítida concisão, concisão que não neutraliza a proficuidade verbal holziana, crescente a partir da segunda década do século xx. A escolha do presente volume recai sobre fragmentos da edição de 1916, a única concebida como um poema contínuo. Dessa forma, este projeto se expõe a desafios em parte diferentes daqueles impostos por poemas

11 isolados. No caso dos fragmentos, trata-se de recortes de um fluxo contínuo de linguagem que perfazem o movimento da escrita.

Esta antologia sequencia amostras textuais diversas, sem pretender ser uma coletânea representativa do ponto de vista temático. No *Phantasus* 1916, Arno Holz cria um contínuo poético a partir dos cem poemas isolados que haviam sido publicados em dois fascículos, sob o mesmo título, em 1898-1899. Publicado em plena Primeira Guerra Mundial, este seu "poema-non-plus-ultra" – que ocupa 335 páginas de um volume monumental de 33cm x 44cm, projetado para comportar versos de até cinquenta sílabas, alinhados por um eixo central de diagramação – é uma espécie de "autobiografia de uma alma", de acordo com o autor, desde "sete trilhões de anos" antes do nascimento do indivíduo, conforme situa o início do poema, até o retorno ao pó, no final. Com uma moldura ficcional semelhante a *Voyage autour de ma chambre* (Xavier de Maistre), o livro projeta um poeta em sua mansarda ao norte de Berlin no início do século XX, do qual uma escrita fantasiosa, a desdobrar-se em arabescos, envereda por uma viagem em tempos e espaços diversos, atravessando estratos temáticos paleográficos, geológicos, geográficos, históricos, além de episódios biográficos. O caráter enciclopédico do livro-poema não se restringe à malha de temas e referências, mas também se aplica ao movimento generativo de linguagem que Holz inaugura na edição de 1916 e exacerba, numa contínua reescrita do livro, em versões posteriores, até sua morte, em 1929.

Este volume intercala fragmentos do poema holziano, no original alemão e na tradução, com uma apreciação crítica que contextualiza historicamente a obra de Arno Holz dentro do modernismo e das vanguardas, e avalia um número significativo de traduções de *Phantasus* para algumas línguas. Além disso, o aparato crítico descreve o presente projeto tradutório, em sua busca de destilar o conceito de linguagem que move o poema, guiando-se por aquilo que caracteriza a vanguarda de todas as épocas: a linguagem em crise. Para isso, localiza os nós de instabilidade na escrita de *Phantasus*, tendo como pano de fundo o desenvolvimento da poética de Arno Holz desde a introdução do "naturalismo consequente" na literatura alemã, nos anos 1880, até a última versão de *Phantasus*, publicada postumamente, em 1961.

Mesmo tendo sido contemporâneo de Arno Holz (1863-1929) por pouco mais de seis semanas, Haroldo de Campos (1929-2003) – junto com Augusto de Campos, dentro do programa poético-tradutório do Grupo

Noigandres, também concebido por Décio Pignatari – nos transmitiu o *Phantasus*, de Arno Holz, pelo viés programático das vanguardas dos anos 1950-1960. Esta tradução, como se verá, dialoga com Arno Holz pelo filtro noigândrico, sobrepondo a esse diálogo aspectos que não necessariamente estavam no foco do projeto estético da nossa vanguarda concreta, como a historicidade na/da tradução, ou princípios que foram teorizados posteriormente, nos anos 1980-1990, por Haroldo de Campos e outro pensador contemporâneo da tradução, Henri Meschonnic.

Pela transmissão de tantas coisas que, talvez por sua delicadeza e sutileza, ameaçam entrar em extinção, ou seja, pela "transmissão da flor" (Zeami), agradeço a Augusto de Campos, Gita Guinsburg, Jacó Guinsburg (*in memoriam*), João Alexandre Barbosa (*in memoriam*) e Haroldo de Campos (*in memoriam*). A Augusto também agradeço a inclusão deste livro na Coleção Signos, sem a qual a nossa geração de poetas e tradutores não seria o que é. A Elisabeth Walther (*in memoriam*) agradeço a transmissão, simbólica, do exemplar de *Ecce Poeta*, volume da coleção de poemas seletos de *Phantasus* editada a partir de 1924, com autógrafo – a lápis – de Arno Holz, pertencente à biblioteca de Max Bense e sua. A Augusto Valente, Isabel de Lorenzo, Márcia Mello e Nadège Marguerite agradeço o tráfico trans-hemisferial de livros, sem o qual este volume certamente não poderia ter abarcado todas as referências que inclui.

SIMONE HOMEM DE MELLO

Notas Editoriais

Os fragmentos extraídos de um contexto mais extenso de *Phantasus* são sinalizados com reticências entre colchetes no início e no fim, enquanto o final dos poemas isolados, apresentados na íntegra, são indicados pelos asteriscos.

A ortografia do texto alemão foi atualizada, sem que se alterasse, no entanto, a separação ou a junção de palavras do poema original.

Os fragmentos não têm título. Os motes entre colchetes são entretítulos lúdicos que separam os fragmentos selecionados, fazendo referência a algumas características discutidas no aparato crítico.

[...antes de vir à luz...]

Sieben Billionen Jahre vor meiner Geburt
war ich eine Schwertlilie.

Meine suchenden Wurzeln
saugten sich
um einen Stern.

Aus seinen sich wölbenden Wassern,
traumblau,
in neue, kreisende Weltenringe,
wuchs,
stieg, stieß,
zerströmte, versprühte sich – meine dunkle Riesenblüte!

Sete trilhões de anos antes de vir à luz,
eu era uma flor-de-lis.

Minhas raízes vorazes
sorviam-se
à volta de um astro.

De suas águas arqueantes,
indigoníricas,
em novos cosmoanéis em rodopio,
alçou-se,
avultou-se, avolumou-se
trasvazou, orvalhou – minha escura flor-mor!

[...retorno contínuo...]

[...]

Ein ganz kleines, minimales Prozentsätzchen von mir,
noch jetzt in mir schwimmend,
war auf diese Weise sozusagen mit Schuld daran, daß es mal später Gotamo Buddho [sic] gab,
und noch heute,
nachts,
im Traum,
wenn ich das Biest nicht kontrollieren kann und ich mich selbst nicht mehr so recht in der Kandarre habe.
wälzt sich der Schuft mit seinen Weibern,
singt,
gröhlt, tobt, brüllt,
lästert
und sauft, kübel-, liter- oxhoftweise, wilden, schäumenden Palmwein
aus gigantischst riesigst vorsintflutlichen Rhinozeroshörnern!

. . . .
Ja!
Die große, volle, absolute, mystisch letzte, ausnahmslose Übereinstimmung
aller wahrhaft strahlend hohen, orphisch unergründlich tiefen, weisen Weisesten aller Weisen,
durch alle Zonen, zu allen Zeiten,
hat Recht gehabt!

19

Ich werde niemals
untergehn!

Ich kehre fortwährend, bis in alle Ewigkeit, myrionengestaltig mich verändernd,
immer wieder!

Ich bin schon stets,
und von allem allerersten Uranfang an,
gewesen!

Durch alle Kulturen,
in Glück und Unglück, in Schuld und Sühne,
durch alle Jahrhunderte,
durch alle Länder, durch alle Erdteile,
aus Höhen in Tiefen,
aus Leid in Lust, aus Lust in Leid,
von allen Begierden durchwühlt, von allen Empfindungen durchschauert, von allen Leidenschaften durchzittert,
als Mann, als Weib, als Kind, als Greis,
immer wieder sterbend, immer wieder geboren werdend,
trieb,
riss und wirbelte mich
mein Fatum!

[…]

[...]

De mim, um percentual mínimo, bem pouco,
ainda a flutuar em mim,
fez-se cúmplice, por assim dizer, do fato de que bem depois viria a existir Gautama, o Buda,
e hoje,
à noite,
em sonho,
quando não consigo controlar a fera e ando desenfreado, fora do cabresto,
o cujo vagueia com suas fêmeas,
canta,
brada, brame, clama,
difama
e bebe litros, tinas, barris de rústico vinho de palma espumante
em imensos, gigantescos pré-diluvianos cornos de rinoceronte!

. . . .
Sim!
O imenso, absoluto e ultimístico consenso, completo, sem excetos,
de todos veribrilhantemente sumos, orfinsondavelmente profundos sábios sapientíssimos de todos os sábios,
por todos os cantos, em todos os tempos
tinha razão!

21

Nunca hei de
perecer!

Retorno contínuo, *ad infinitum*, transformando-me multiforme
nisso e naquilo!

Desde todo o sempre,
do mais primevo priminício,
existi!

Por todas as culturas,
na graça e na desgraça, na culpa e no pecado,
por todos os séculos,
em todos os países e continentes,
de cúmulo em profundo,
de dor em desejo, de desejo em dor,
arrepiado por todos os arroubos, revolto por todos os enlevos, trepidado por todas as paixões,
como homem, como mulher, como infante, como ancião,
sempre remorrendo, sempre renascendo,
me movia,
remoía e remoinhava
o meu fado!

[...]

Arno Holz, *Phantasus* e as Vanguardas

Só se revoluciona a arte
à medida que se revolucionam
seus meios.

ARNO HOLZ, 1891-1892.

Na memória de um público alemão mais amplo, o que restou da extensa obra de Arno Holz (1863, Rastenburg, hoje Kętrzyn/Polônia-1929, Berlim) foi a sua atuação como dramaturgo e introdutor do naturalismo na prosa e no drama de língua alemã. A sua poesia, canalizada desde a virada de século XIX para o XX para uma obra única, o *Phantasus*, nunca chegou a sair realmente do limbo a que foi condenada pelo público leitor e pela crítica de sua época – a não ser entre poetas e leitores profissionais de poesia.

Phantasus, obra lírica escrita desde meados da década de 1880 até a morte do poeta, em 1929, teve uma trajetória alinear não apenas no decorrer de sua produção, mas também quanto à sua recepção como poesia de vanguarda. Desde o ciclo de poemas intitulado "Phantasus", em *Buch der Zeit* (Livro do Tempo, 1885-1886), até a versão publicada postumamente, em 1961-1962, com base em anotações manuscritas do autor entre 1925 e 1929, a obra inicialmente esboçada como uma sequência de treze poemas metrificados e rimados tornou-se uma coletânea, em dois fascículos, de cem poemas sem regularidade métrica e sem rimas, alinhados por um eixo central de diagramação (1898-1899), transformando-se depois em um poema-livro de estrutura cíclica (1916), continuamente ampliado e seccionado em partes com títulos e em versos cada mais numerosos (edições de 1925 e 1961-1962, póstuma). O fato de a obra ter assumido formas bastante distintas em suas diferentes fases já é um fator de instabilidade para a sua apreciação, tornando problemática a sua abordagem como obra única (algo em que parte da crítica costuma reincidir, ao caracterizá-la como texto uniforme e atribuir-lhe indiferenciadamente elementos identificáveis em etapas distintas). A isso se soma a alinearidade de sua recepção: tendo sido descreditado por grande parte da crítica nos momentos de sua publicação, algo registrado pelo autor em seus textos teóricos, *Phantasus* conquistou apenas tardiamente um espaço não periférico na historiografia literária[1]. O reconhecimento que Arno Holz esperava obter com

---

1   A contribuição de Arno Holz para o naturalismo alemão, sobretudo no teatro, foi reconhecida desde cedo pela crítica e pela historiografia literárias. No entanto, obras como o poema-livro *Phantasus* e a peça *Die Blechschmiede* (1902, 1917, 1921) foram questionadas até mesmo por leitores convictos do valor literário da literatura holziana, algo que pode ser constatado na polarização e na veemência dos debates travados entre Holz e a crítica da época e nas recorrentes autodefesas encontradas na correspondência do autor (A. Holz, *Briefe*). A imagem de um poeta à frente de seu tempo, injustiçado pela crítica contemporânea, já era propagada em vida (sobretudo por ele mesmo) e acabou sendo transmitida pela crítica defensora de sua obra. Em 1913, Robert Ress publicou – por exemplo – um livro com o enfático título *Arno Holz und seine künstlerische, weltkulturelle Bedeutung: Ein Mahn- und Weckruf an das deutsche Volk* (Arno Holz e Seu Significado Para a Arte e Para a Cultura Universal: Um Apelo Para Advertir e Despertar o Povo Alemão), no qual denunciou o insuficiente reconhecimento à obra do escritor, lamentando a "lei da natureza segundo a qual um gênio não é reconhecido e entendido pela maioria esmagadora de seus contemporâneos" (p. 1). Em um discurso laudatório proferido por ocasião do sepultamento do escritor, em 1929, Alfred Döblin denunciou o esquecimento de Arno Holz com as seguintes palavras: "Quando artistas morrem na Alemanha, o lamento e a denúncia da falta de reconhecimento são quase óbvios. Mas quanto ao homem que aqui jaz, há algo específico. A dimensão da negligência, o grau de rejeição a este artista que trabalhou incansavelmente, com consciência rigorosa de seu objetivo: até mesmo na Alemanha isso é sem precedentes." (Grabrede auf Arno Holz, *Aufsätze zur Literatur*, p. 134). Duas décadas depois, Döblin organizou uma antologia da obra de Holz para uma coleção com o sugestivo título de *Verschollene und Vergessene* (Extraviados e Esquecidos), da Akademie der Wissenschaften und der Literatur, publicada em 1951. Em posfácio ao último volume da edição póstuma das obras reunidas do autor, o coorganizador Wilhelm Emrich adverte que "hoje [1960], após uma lamentável disputa de sessenta anos sobre a essência da arte moderna, haveria um avanço muito maior na autoexegese da nossa época e de sua arte se tivesse havido um empenho sério em investigar de dentro para fora a literatura e a teoria de arte de Arno Holz, que estava no início da nossa poesia dita 'moderna', tendo acompanhado seu desenvolvimento por quarenta anos" (Arno Holz und die moderne Kunst, em A. Holz, *Werke*, v. 7, p. 453). À parte disso, há que se ponderar a imagem do escritor injustiçado, que perdura de forma enfática na crítica até a década de 1980, e lembrar que Holz não era exatamente um poeta marginal. Provas de seu prestígio como poeta em vida são os fatos de ele ter publicado nas principais revistas da Alemanha e do ▶

seu "gigantesco poema-non-plus-ultra"[2], concebido como um marco de ruptura na tradição poética, e que tentou reivindicar – em vão – por meio de diversos escritos crítico-teóricos e polêmicas literárias em vida, só lhe foi conferido pelos poetas da vanguarda dos anos 1950-1960 e pela crítica literária subsequente[3].

A reinserção de *Phantasus* na tradição literária como uma referência para a literatura de vanguarda do início e de meados do século XX, já esboçada por Alfred Döblin[4] desde a década de 1920, só se consumou com a autofiliação dos poetas iniciadores e adeptos da Poesia Concreta à linhagem holziana. Em um dos textos fundadores do movimento concreto na poesia, *vom vers zur konstellation* (do verso à constelação, 1954), o suíço-boliviano Eugen Gomringer (1925) inclui Arno Holz no início do desenvolvimento histórico que

▷ exterior e de a edição ampliada do poema-livro *Phantasus* ter sido publicada – em 1916, em plena Primeira Guerra – como um volume luxuoso de 235 páginas, em formato 33cm x 44cm. A publicação de sua obra reunida entre 1924 e 1926, em dez volumes (Berlim: Hans W. Fischer), foi sucedida, no mesmo ano de 1926, pelo lançamento de uma "edição monumental" com doze volumes (Berlim: Otto von Holten). Além disso, Arno Holz foi indicado cinco vezes ao Prêmio Nobel. Uma nota de jornal, sem indicação de fonte e data, em recorte pertencente à hemeroteca do Arquivo Arno Holz, na Akademie der Künste, em Berlim, diz: "Arno Holz, que completou seu sexagésimo ano de vida em 26 de abril [de 1923], foi sugerido para a concessão do Prêmio Nobel de Literatura deste ano por 63 professores de Literatura e Estética de escolas superiores na Alemanha e no exterior. Isso corresponde a dois terços dos pareceristas habilitados de língua alemã." Em 1929, 460 pareceristas votaram em Holz, conforme lembra Klaus M. Rarisch: "Em relação a isso, Thomas Mann escreveu a Gerhard Hauptmann, onze dias antes da morte de Holz: 'Já que estamos falando de prêmios, o que você me diz da notícia amplamente propagada de que – graças à quadrilha em torno de um professor de ensino superior que o levou adiante – Arno Holz deverá receber o Prêmio Nobel? […] Eu acharia uma premiação dessas absurda e escandalosa. […] Seria um verdadeiro aborrecimento; e se deveria fazer algo contra isso.' Holz morreu pouco antes da entrega: o prêmio foi para Thomas Mann." (Arno Holz und Berlin, *Text + Kritik*, *121: Arno Holz*, p. 4.) Quando não informado diferentemente, todas as traduções das citações são nossas.

2   *Phantasus*, versão 1916, p. 211.

3   Assim como, dos anos 1920 aos anos 1950, Alfred Döblin era uma das poucas vozes a apontarem a contribuição fundamental de Arno Holz para a tradição literária moderna, o historiógrafo suíço da literatura Walter Muschg passa a ser – na década de 1960 – uma voz isolada ao negar a relevância da poesia holziana. Em *Von Trakl zu Brecht: Dichter des Expressionismus* (München: Piper, 1961), Muschg afirma que Holz foi, em sua teoria, um doutrinário obstinado que, como poeta, não tinha nada a dizer (apud H. Fauteck, "Arno Holz", *Neue Rundschau*, v. 3, p. 460), crítica essa que o historiógafo também estende ao expressionista August Stramm, considerado por ele um continuador da tradição holziana.

4   Em discursos em homenagem a Arno Holz e introduções a coletâneas de suas obras, Alfred Döblin ressalta a ênfase que Arno Holz confere à linguagem como material da literatura, filiando-o ao movimento de renovação do naturalismo literário e atribuindo-lhe o mérito de ter rompido com uma tradição de convenções literárias não autênticas. Ver A. Döblin, Einführung in eine Arno Holz-Auswahl, *Aufsätze zur Literatur*, e idem, Geleitwort, em A. Holz, *Phantasus: Eine Auswahl*.

27 culminaria com a dissolução definitiva do verso convencional em uma nova poesia[5]. Analogamente, Gerhard Rühm (1930), um dos ativistas da vanguarda musical-literária da Áustria dos anos 1950, também aponta Holz como um autor *outsider* que passou a constituir a "verdadeira tradição" reencontrada no pós-guerra pelo Grupo de Viena, integrado por ele, Friedrich Achleitner, Konrad Bayer e Oswald Wiener[6]. Já na década de 1960, o poeta alemão Helmut Heißenbüttel (1921-1996) revê a tradição de vanguarda em língua alemã e constata que o papel de "pai do modernismo" na Alemanha não poderia ser atribuído nem a Gerhard Haupt-mann, nem a Stefan George, nem a Rainer Maria Rilke, mas somente a Arno Holz[7]. O interesse do filósofo Max Bense pela obra tardia de Holz toca as etapas finais de desenvolvimento de *Phantasus*, sobretudo a ideia holziana de uma "arquitetônica numérica" supostamente subjacente às edições posteriores a 1916, com base na qual Bense deriva uma "álgebra textual" associável aos experimentos estéticos com a cibernética nos anos 1960[8]. Holz viria a constar na lista de autores de vanguarda expostos ao lado de representantes contempo-râneos da poesia concreto-visual 35 anos após sua morte, na Situationen 60 Galerie, de Berlim, em 1964[9].

---

5   Em "vom vers zur konstellation", Gomringer afirma que "a nova poesia se fundamenta de modo evolutivo-histórico. seu início pode se ver nos experimentos de um arno holz (poemas de *phantasus*), bem como nos do mallarmé tardio e nos *calligrammes* de apollinaire. ela se anuncia, nesses novos poetas, por meio de uma nova configuração dos poemas. em arno holz, ela se fundamenta no fato de palavras em correspondência rítmica estarem reunidas em uma linha, de onde surgiu a conhecida imagem das linhas breves e longas dos poemas de *phantasus*"; E. Gomringer (Hrsg.), *Konkrete Poesie: Deutschsprachige Autoren*, p. 157. Em *worte sind schatten: die konstellationen 1951-1968* (pala-vras são sombras: as constelações, 1969), Gomringer reafirma que Arno Holz ocupa a posição número um em seu cânon como coinventor da Poesia Concreta, sobretudo por causa de suas criações verbais ousadas e pelas regras que ele desenvolveu para o ritmo (p. 296). Em uma recapitulação do início do movimento concreto, no começo dos anos 1950, Gomringer lembra que ficou conhecendo Arno Holz por meio de uma conferência de Fritz Strich na Universidade de Berna, nos anos 1940, na qual se abordou a "concepção estética inco-mumente elevada de um Arno Holz", inclusive sua técnica do *Sekundenstil* e sua paródia da lírica barroca do século XVII (E. Gomringer, Konkrete Poesie als Mittel der Kommunikation einer neuen universalen Gemeinschaft, em A. Thurmann-Jajes [Hrsg.], *Poesie – Konkret: Zur internationalen Verbreitung und Diversifizierung der Konkreten Poesie*, p. 203).

6   *Die Wiener Gruppe: Achleitner Artmann Bayer Rühm Wieder: Texte Gemeinschaftsarbeiten Aktionen*, Reinbek: Rowohlt, 1967 apud R. Oeste, *Arno Holz: The Long Poem and the Tradition of Poetic Experiment*, p. 144.

7   H. Heissenbüttel, Vater Arno Holz, *Über Literatur*, p. 36. Em um texto posterior, Heissenbüttel apontaria convergências entre Arno Holz e o expressionista August Stramm, destacando-os como os exemplos da poesia moderna que teriam permanecidos vivos até o presente (idem, Wort-kunst: Arno Holz und August Stramm. Ein ideeler Vergleich, em L. Jordan (Hrsg.), *August Stramm: Beiträge zu Leben, Werk und Wirkung*, p. 45).

8   Ver M. Bense, Wörter ud Zahlen: Zur Textalgebra von Arno Holz [1964], C. Walther; E. Walther (eds.), *Radiotexte*.

9   K.P. Dencker, *Optische Poesie*, p. 4.

No Brasil, a introdução de Arno Holz como uma referência da arte verbal de vanguarda foi contemporânea à sua redescoberta na Alemanha e se deve aos poetas do grupo Noigandres. Em artigo de 1957 intitulado "Evolução das Formas: Poesia Concreta" e publicado no Suplemento Dominical do *Jornal do Brasil*, Haroldo de Campos se refere ao cânon de poetas do século xix e xx resgatados por Eugen Gomringer, destacando – entre outros – Arno Holz e "suas experiências tipográfico-espaciais" no *Phantasus* 1898[10]. Em "contexto de uma vanguarda", escrito em 1960, ele faz um paralelo entre a redescoberta de Arno Holz por Eugen Gomringer e a releitura do cânon literário brasileiro pelo grupo Noigandres, com a sua ênfase a poetas como Oswald de Andrade e João Cabral de Melo Neto, "que contribuíram tanto para a demarcação de um elenco básico de autores imprescindíveis para a edificação de uma nova tradição poética em língua portuguesa – isso para não falar na comum cogitação do paideuma Mallarmé (*Un Coup de dés*), Apollinaire, Joyce, Cummings, Pound e/ou William Carlos Williams"[11]. Em 1962, ele apresentaria o poeta alemão ao público leitor brasileiro por meio de um artigo intitulado "Arno Holz: Da Revolução da Lírica à Elefantíase do Projeto", acompanhado por sua tradução do poema "Barocke Marine" (1925), realizada em coautoria com Augusto de Campos. Nesse texto, publicado em duas edições de *O Estado de S. Paulo*, Haroldo contextualiza Holz como um par de Stéphane Mallarmé, paralelizando procedimentos de espacialização da escrita em ambos os autores. O que predomina nessa caracterização da obra holziana é o interesse de Haroldo pelos elementos verbivocovisuais em *Phantasus*, sobretudo a noção de uma escrita partitural a funcionar como "áudio-imagem" do poema (ideia essa que também influenciou o desenvolvimento da Poesia Acústica)[12].

Nessa mesma época, a efervescência crítica em torno da obra tardia de Arno Holz na Alemanha, com destaque a *Phantasus*, também se deve à publicação, entre 1961 e 1964, de suas obras reunidas em sete volumes, cujos três primeiros são ocupados pela última versão de *Phantasus*, até então inédita. Os estudos críticos sobre Holz publicados entre os anos 1960 e os 1980 enfocam sobretudo a contribuição de *Phantasus* para a renovoção da linguagem poética, fazendo analogias com procedimentos recorrentes em outros autores de vanguarda do

10 *Teoria da Poesia Concreta: Textos Críticos e Manifestos 1950-1960*, p. 84.
11 Ibidem, p. 211-212.
12 K.P. Dencker, op. cit., p. 50.

29

século XX[13]. O espectro de associações é amplo, incluindo – curiosamente – diversos prosadores, como Gertrude Stein, Alfred Döblin, Robert Musil, James Joyce, Franz Kafka, Samuel Beckett, Arno Schmidt, George Perec, Peter Handke. O poeta moderno mais associado a Arno Holz é Ezra Pound, cujos *Cantos* são comparados a *Phantasus* – duas obras consideradas matrizes de certos experimentos poéticos dos anos 1950 e 1960[14].

A partir dos anos 1990, parte da crítica passou a acrescentar uma nova dimensão à contextualização histórica da contribuição holziana à linhagem das vanguardas, remetendo a origem de sua poética de invenção à sua reflexão e à sua prática literária naturalistas, que remontam aos anos 1880. O papel central de Arno Holz no naturalismo alemão – com sua revisão de princípios teóricos postulados por Émile Zola e com o uso de um recurso inovador (que viria a ser denominado *Sekundenstil*, estilo segundo-a-segundo) em textos narrativos e dramáticos escritos em coautoria com Johannes Schlaf nos anos 1880-1890 – foi reconhecido desde muito cedo pela crítica e historiografia literárias; no entanto, o grau de virulência da sua produção ficcional e teórica naturalista para a posterior renovação da linguagem na poesia de vanguarda só foi devidamente assimilada pelo discurso crítico da última década do século XX[15]. A polarização entre o naturalismo e as vanguardas modernas, já presente no pensamento crítico da segunda década do século XX[16], era alheia à compreensão que Holz

13 As associações não se restringem à vanguarda moderna. A afinidade do ímpeto de criação neologística e da tendência enumerativa da obra tardia de Holz com autores barrocos de "invenção", como Johann Fischart (1546-1591) e Quirinus Kuhlmann (1651-1689), é mencionada por R. Wohlleben, Der wahre *Phantasus*: Studie zur Konzeption des Hauptwerks von Arno Holz, *Die Horen*, v. 4, n. 114, p. 84 e R. Oeste, op. cit., p. 22.

14 R. Oeste, op. cit., p. 213, 143.

15 Há críticos que traçam paralelos entre a poética holziana e a poesia de vanguarda russa, como Tamara Viktorovna Kudriavzeva em seu escrito sobre *Die Revolution der Lyrik*, de Arno Holz, e a teoria e prática dos poetas russos no início do século XX (apud E.T. Mader, Ist es, was es ist? Mutmaßungen über Sprache bei Martin Walser und Arno Holz, em M. Barota et al. [Hrsg.], *Sprache(n) und Literatur(n) im Kontakt*, p. 297; excerto em alemão disponível em: <http://www.fulgura.de/extern/holz/phantasus-russisch.html>), bem como entre a poetologia de Holz e o Formalismo Russo (F.-N. Mennemeier, *Literatur der Jahrhundertwende I*, p. 95).

16 Em "Die neue Form und ihre bisherige Entwicklung" (A Nova Forma e Seu Desenvolvimento Até Então), publicado originalmente na *Zeitschrift für Bücherfreunde* (Revista Para Amigos do Livro), ano 10, n. 4, 1918-1919, p. 79-81, e republicado em *Die befreite deutsche Wortkunst* (A Arte Verbal Alemã Libertada), p. 61-81, Arno Holz cita e refuta o crítico John Schikowski que, no artigo "Neue Wortkunst" (Nova Arte Verbal), publicado em 1917 no semanário socialista *Die Glocke* (O Sino), o considera o "profeta de dois evangelhos artísticos, porta-bandeira de dois princípios antagônicos, líder de duas gerações jovens", sendo essas duas forças distintas "sua renovação formal da literatura épica e dramática [fundadora] do impressionismo naturalista na literatura alemã" e "a nova forma de sua poesia lírica", que o ▶

tinha da posição de sua obra na tradição literária. Exacerbadamente ciente de sua contribuição pioneira para a renovação da linguagem poética[17] antes da virada do século XIX para o XX, Holz considerava o seu papel de "observador naturalista" um pressuposto indispensável para que ele pudesse ter "assentado o fundamento sobre o qual a geração mais jovem continuaria construindo". Essa também é a visão de Alfred Döblin, que – numa apreciação da poética naturalista holziana como uma vertente promissora para a literatura alemã na década de 1930 – considera "toda a obra tardia de Arno Holz uma forma de naturalismo pós-hibernação"[18].

O ingresso de Arno Holz na literatura moderna não se dá via simbolismo francês; muito pelo contrário, a poesia alemã filiada a essa linhagem, sobretudo a de Stefan George e de seu círculo em Munique, era descartada e até satirizada por ele como retrógrada[19]. No entanto, os poemas de *Phantasus* – antes e depois da edição de 1898-1899 – foram publicados em diversas revistas de língua alemã da virada de século XIX para o XX que propagavam a arte e a literatura simbolista e impressionista, como a *Pan* (Berlim, 1895-1900), considerada um dos principais veículos do *art nouveau* na Alemanha, e a revista *Jugend* (Munique, 1896-1940), que deu nome a esse movimento em alemão (*Jugendstil*). Paralelamente a isso, poemas de *Phantasus* foram publicados em órgãos de imprensa de orientação socialista ou anarquista, como a revista *Die Zukunft* (Viena, 1879-1884, 1892-1896).

Apesar de estar envolvido, desde a década de 1880 até a de 1920, em polêmicas literárias acerca de questões bem específicas do cenário cultural alemão, em especial do ambiente literário berlinense, Holz tinha interesse

▷ teria tornado um precursor do expressionismo (*Die befreite deutsche Wortkunst*, p. 70s.). Sobre a origem do antagonismo entre naturalismo e modernismo nos debates estéticos travados por pensadores de esquerda nos anos 1920 e 1930, entre os quais o húngaro Georg Lukács, ver F.-N. Mennemeier, *Literatur der Jahrhundertwende I*, p. 12-13.

17 Em carta de 17 de janeiro de 1916 ao prof. Liebmann, Arno Holz também se demonstra convencido de seu papel como poeta de vanguarda, considerando-se "à frente de seu tempo", como uma "corporificação da ideia do progresso cultural", e acrescentando que "a qualidade de um indivíduo desses vale mais do que a quantidade de centenas, de milhares de outros!" (A. Holz, *Briefe*, p. 211).

18 A. Döblin, Vom alten zum neuen Naturalismus: Eine Akademie-Rede über Arno Holz [1930], *Aufsätze zur Literatur*, p. 142.

19 A virulência da crítica holziana contra o círculo de poetas em torno de Stefan George se insinua na seguinte passagem de *Die neue Wortkunst* (A Nova Arte Verbal): "De seus livros com poemas panegíricos e pastorais, com sagas e cantigas, com jardins suspensos e adornos heroicos, com gêiseres estrondosos e fontes inesgotáveis de aromáticas harmonias em branco, vibravam variações em cinza e verde, soluçavam sinfonias em azul e rosa. Nunca tão esquisitas linguiças verbais se associaram a uma ornamentação tão elaborada." (*Das Werk von Arno Holz*, v. 10, p. 488).

e alcance internacionais[20]. Nos anos 1889 e 1890, ele manteve uma coluna semanal de literatura no *New-Yorker Staats-Zeitung*, jornal nova-iorquino de língua alemã, tendo escrito sobre diversos autores, sobretudo franceses[21]. Em 1895-1896, ao projetar com Paul Ernst uma revista literária europeia, jamais editada por falta de patrocínio, ele cogitou compor uma ampla rede de interlocutores em diversos países[22]. Em 1906, Holz foi convocado por F.T. Marinetti, Sem Benello e Vitaliano Ponti a participar de uma enquete sobre o verso livre, para a qual o periódico por eles publicado em Milão desde 1905 – *Poesia: Rassegna internazionale*, revista esta que representava um canal de comunicação entre o século XIX e o XX, a França e a Itália, o simbolismo e o futurismo – teria consultado "os maiores poetas e críticos da França e da Europa"[23]. No mesmo ano, a revista *Poesia* publicaria poemas de *Phantasus*, na tradução de Benno Geiger para o francês. Entre 1915 e 1923, a poesia de Holz foi divulgada por meio de apreciações críticas e traduções em revistas (literárias) de língua inglesa, como *The Egoist*[24] (Londres) e *Poetry*:

20   O germanista Franz-Norbert Mennemeier insere Holz em um contexto relevante para a literatura universal, argumentando que ele reflete em sua obra tendências literárias decisivas em termos de progressividade e transnacionalidade – traço esse que o distinguiria da maioria dos autores alemães da sua época (F.-N. Mennemeier, *Literatur der Jahrhundertwende I*, p. 87).

21   Entre os autores sobre os quais Arno Holz escreveu em sua coluna semanal estão Zola, os irmãos Goncourt, Ibsen, Flaubert, Ohnet, Daudet, Maupassant, Dumas Filho, Sardou, Augier, Baudelaire, Taine, Gógol, Turguêniev.

22   Do esboço de ficha técnica da planejada revista constavam os seguintes nomes: Gabriele D'Annunzio, Roma; Hermann Bahr, Viena; Richard Dehmel, Berlim; Theodor Fontane, Berlim; Arne Garborg, Christiania; Max Halbe, Munique; Gerhard Hauptmann, Berlim; J.K. Huysmans, Paris; Detlev Freiherr von Lilienkron, Hamburgo; Maurice Maeterlinck, Bruxelas; Conrad Ferdinand Meyer, Zurique; William Morris, Londres; Wilhelm Raabe, Braunschweig; August Strindberg, Paris; Ch.A. Swinburne, Londres; Conde Leon Tolstói, Jasnaya Poljana; Paul Verlaine, Paris. (H. Scheuer, *Arno Holz im literarischen Leben des ausgehenden 19 – Jahrhunderts [1883-1896]: Eine biographische Studie*, p. 171.)

23   Em *Poesia: Rassegna internazionale*, ano 1, n. 9, ottobre 1905, s/p., publicou-se a "Inchiesta die POESIA sul verso libero", nos seguintes termos: "Já que as últimas reformas rítmicas e métricas que se tentaram ou se realizaram na poesia italiana tendem a gerar confusão entre os cultivadores menos especializados da arte poética, pensamos em indagar as pessoas mais competentes, a fim de que a sua palavra sirva para esclarecer as razões e as formas das últimas liberdades técnicas em poesia." A resposta de Arno Holz foi publicada em *Poesia. Rassegna internazionale*, ano 2, n. 3-5, aprile-giugno 1906, p. 50.

24   A revista literária modernista *The Egoist*, editada em Londres de 1914 a 1919, publicou autores e textos como T.S. Eliot ("Tradition and the Individual Talent" 1919); James Joyce (*A Portrait of the Artist as a Young Man*, 1914; fragmentos de *Ulysses*, 1919); Wyndham Lewis (*Tarr*, 1916-1917) e William Carlos Williams ("The Wanderer", "Transitional" e outros poemas, 1914). No número de novembro de 1915, *The Egoist* publicou – como quinto de uma série de artigos escritos por Alec W.G. Randall sob o título de "Notes on Modern German Poetry" – uma apreciação sobre a repercussão de Walt Whitman na Alemanha dedicada à poesia de Arno Holz e acompanhada de diversos poemas traduzidos para o inglês, sem identificação do tradutor (provavelmente o próprio Alec W.G. Randall).

A Magazine of Verse[25] (Chicago), sendo seu nome citado – no período de 1914 a 1917 – entre autores modernistas de destaque em *The Dial* (Chicago), *The New Age* (Londres), *The Seven Arts* (Nova York) e *The Smart Set: A Magazine of Cleverness* (Nova York). No último número da revista *Poetry*, publicado em dezembro de 1922, a poeta e crítica nova-iorquina Babette Deutsch escreveu um texto intitulado "Note on Modern German Poetry" (Nota Sobre a Poesia Alemã Moderna), no qual distingue as correntes naturalista, simbolista e expressionista em meio à diversidade de tendências da poesia alemã da época, destacando Arno Holz, esse "artista proteu", "vocal e vital", como o único expoente da primeira[26]. Em *Contemporary German Poetry* (Poesia Contemporânea Alemã) (1923), uma antologia organizada e traduzida por Babette Deutsch e Avrahm Yarmolinsky, Arno Holz é caracterizado como o poeta que "insiste na abolição da palavra meramente decorativa e na produção de uma poesia dura, clara e concentrada", "antecipando muitos princípios do imagismo"[27]. Eugène Jolas, que viria a traduzir para o inglês o romance de vanguarda *Berlin Alexanderplatz* (1929), de Alfred Döblin, e publicar fragmentos de *Finnegans Wake*, de James Joyce, em sua revista *transition*[28], órgão de divulgação da produção literária e artística expressionista, dadaísta e surrealista, traduziu e publicou na mesma – em seu ano de lançamento – um fragmento de *Phantasus*.

Divulgado em vida por veículos de diferentes movimentos de vanguarda, dentro e fora da Alemanha, Arno Holz sempre se empenhou, no entanto, em manter sua autonomia em relação a quaisquer "ismos"[29]. Por um lado, ele nega sistematicamente qualquer influência de outros autores, algo que, embora careça de verossimilhança, pode ser lido como uma tentativa de realçar sua singularidade, de fato irrefutável; por

25 Na edição de dezembro de 1922, a *Poetry: A Magazine of Verse* – divulgadora da poesia de autores como W.B. Yeats, T.S. Eliot, Wallace Stevens, William Carlos Williams, Robert Frost, Carl Sandburg e H.D., entre outros – publicou um fragmento de *Phantasus*, em tradução de Babette Deutsch e Avrahm Yarmolinsky.

26 B. Deutsch, A Note on Modern German Poetry, *Poetry*, v. 21, n. 3, Dec. 1922, p. 149. Disponível em: <http://www.poetryfoundation.org/poetrymagazine/browse/21/3#!/>.

27 B. Deutch; A. Yarmolinsky (eds. e trads.), *Contemporary German Poetry*, p. xvi.

28 A revista *transition*, editada em Paris pelo casal Eugène Jolas e Maria McDonald, de 1927 a 1938, publicou autores como André Breton, André Gide, August Stramm, Carl Einstein, Dylan Thomas, Ernest Hemingway, Franz Kafka, Gertrude Stein, Georg Trakl, Gottfried Benn, Hart Crane, H.D., Hugo Ball, James Joyce, Kurt Schwitters, Paul Bowles, Rainer Maria Rilke, Robert Desnos, Robert Graves, Samuel Beckett, William Carlos Williams, Yvan Goll.

29 Ver A. Holz, *Die befreite deutsche Wortkunst*, p. 80: "Impressionismo para cá, expressionismo para lá! Não acredito em 'ismos'! Já os rejeitei há trinta anos e hoje rio deles mais do que nunca!"

outro, a sua contestação do parentesco entre a poesia expressionista e a sua obra, reconhecido por diversos historiógrafos da literatura e já apontado pela crítica na década de 1910, revela que a defesa de sua exclusividade não se restringia à relação com o passado. A concepção holziana de "arte verbal" (*Wortkunst*)[30] foi transmitida ao círculo expressionista em torno da revista *Der Sturm*[31] por seu editor Herwarth Walden[32]. Após ter publicado poemas de *Phantasus* em *Der Sturm* em 1912[33], Walden imprimiu na revista, um ano depois, o prefácio que Holz escrevera à sua recém-publicada peça *Ignorabimus*, considerando irretocável a autoapreciação holziana de seus "méritos imortais" no processo de abolição da métrica e da rima na literatura alemã[34]. O destaque de Holz à materialidade da palavra permanece como parâmetro de aproximação de sua obra com poetas do expressionismo, principalmente August Stramm. É sobretudo o deslocamento da linguagem para o centro da concepção poética, uma ênfase característica da *Wortkunst*, que permeia a analogia entre ambos os autores[35], já presente na crítica do início do século XX[36]. De fato, o paralelo devia

30 Helmuth Kiesel reconhece três variantes da "arte verbal" de Arno Holz em *Phantasus*: o destaque a palavras soltas em versos compostos por uma palavra, a formação rítmica e sonoramente bem composta de evocativas "cascadas verbais", a manipulação fonética e semântica de palavras. (*Geschichte der literarischen Moderne: Sprache, Ästhetik, Dichtung im zwanzigsten Jahrhundert*, p. 147) Esses recursos poéticos também podem ser reconhecidos na poesia expressionista.

31 A revista *Der Sturm*, editada por Herwarth Walden de 1910 a 1932 e considerada um dos principais órgãos de divulgação de literatos e artistas expressionistas, publicou obras de autores como Peter Altenberg, Max Brod, Richard Dehmel, Alfred Döblin, Anatole France, Knut Hamsun, Karl Kraus, Selma Lagerlöf, Else Lasker-Schüler, Alfred Lichtenstein, Adolf Loos, Heinrich Mann, Otto Nebel, Paul Scheerbart, René Schickele.

32 K.P. Dencker, *Optische Poesie*, p. 328-329; 340.

33 *Der Sturm*, v. 3, n. 110, Mai 1912.

34 *Der Sturm*, v. 4, n. 160-161, Mai 1913. Anteriormente (em *Der Sturm*, v. 1, n. 29, Sep. 1910), Herwarth Walden havia publicado a partitura de uma composição musical de sua autoria com um poema de *Dafnis: Lyrisches Portrait aus dem 17. Jahrhundert* (Dafnis: Perfil Lírico do Século XVII, 1904), virtuoso pastiche holziano da poesia barroca.

35 H. Heissenbüttel, Wortkunst: Arno Holz und August Stramm. Ein ideeler Vergleich, em L. Jordan (Hrsg.), *August Stramm: Beiträge zu Leben, Werk und Wirkung*, p.46.

36 No artigo "August Stramm: Zu seinem zehnjährigen Todestag" (August Stramm: Por Ocasião dos Dez Anos de Sua Morte), publicado na revista *Der Sturm* em 1925, o ator e autor Rudolf Blümner (1873-1945) paraleliza ambos os autores: "A poesia tinha esquecido de que a palavra é o material de sua configuração, e só a palavra, e só a palavra audível. Então, quando chegou a hora, apareceu um excêntrico e ele se chamava Arno Holz e descobriu que no princípio da poesia era o verbo. Mas eles não o escutaram, pois ignoravam que ignoravam isso. E então apareceu alguém que se chamava August Stramm. E ele libertou a poesia. Ele libertou a palavra de seu significado convencional, que não era mais significado, mas uma interpretação em comum acordo, e conferiu-lhe novamente seu significado autêntico, seu ▶

ser tão recorrente que Arno Holz reagiu, em duas cartas dirigidas a Walden em 1917[37], à comparação de sua poesia com a de Stramm, reivindicando também a invenção do conceito de *Wortkunst*. Se, por um lado, o impulso de Holz em se distanciar dos poetas mais jovens fazia parte de sua iniciativa de resguardar a singularidade de sua obra em relação a tudo o que tivesse vindo antes e depois, por outro, também havia motivos bastante objetivos para ele distinguir sua obra lírica da poesia expressionista. O que Holz critica nos novos poetas ligados ao expressionismo é o que ele considera uma negligência em relação à linguagem: "em nossa linguagem […] desenvolvida organicamente através dos séculos, não se pode 'negligenciar' nada, muito menos 'conscientemente', e menos ainda, em absoluto, a 'construção sintática lógica'"[38], afirma ele, em resposta a um crítico da época. Holz também critica a "subversão da gramática", porque "com essa gramática subvertida, não se pode mais configurar nenhuma forma diferenciada". Mesmo mostrando respeito à iniciativa dos mais jovens, ele ressalva que a contribuição deles não representa "a continuidade da construção sobre o fundamento" que ele, Holz, teria assentado "por meio do trabalho de uma vida inteira, cuja existência, aliás, eles estariam negando e não afirmando"[39]. Ao fazer – *a posteriori* – um balanço de sua contribuição para a poesia moderna, Holz se autoatribui o mérito de ter buscado "novos valores expressivos e novas possibilidades de desenvolvimento" e afirma enxergar nos demais âmbitos artísticos somente "caos", "estados de caráter meramente negativo, e em nenhum lugar algo positivo", constatando que, "nessas outras

---

▷ protossignificado, chegando muitas vezes a conduzi-la de volta ao seu valor originário desaparecido. A palavra pode ser ouvida de novo, pois tem que ser ouvida. Este é o fundamento da poesia de Stramm. A palavra não é mais compreendida em sua acepção estrita, mas é ouvida em seu significado originário, aberto a muitas interpretações. Esse significado originário é grande e potente. No princípio era o verbo. A palavra é tudo. Nada mais potente que a palavra." (R. Blümner, "August Stramm: Zu seinem zehnjährigen Todestag. Gefallen am 1. September 1915" [August Stramm: No Aniversário de Dez Anos de Sua Morte. Caído em 1º de setembro de 1915], *Der Sturm*, ano 16, Sep. 1925, p. 121-124, 126.)

37 Em carta de 12 de novembro de 1917, Holz reclama a Herwarth Walden de um artigo introdutório à revista *Der Sturm*, que atribuía a August Stramm – e não a Holz – o mérito de ter "apontado novos caminhos para a poesia alemã", por meio de uma "nova arte verbal". Holz lembra, em um *post scriptum*, que esse termo havia sido cunhado por ele próprio. Em carta de 26 de novembro de 1917, Holz retorna ao tema, protestando contra a atribuição – a Stramm – de conquistas que se deviam a ele e pede para Walden remeter o autor do artigo a textos de sua autoria, como *Phantasus* e *Revolution der Lyrik*. (A. Holz, *Briefe*, p. 239-240.)

38 *Die befreite deutsche Wortkunst*, p. 75-76.

39 Ibidem, p. 79.

áreas, rompeu-se de forma radical demais com as respectivas tradições"[40]. De fato, por mais que o ímpeto neologístico de August Stramm tenha precedentes fundamentais em Arno Holz, a ruptura com a sintaxe linear na poesia expressionista passa ao largo da poética holziana, cujas estatégias de gerar descontinuidade não comprometem a integridade sintática. Isso só para mencionar uma das diferenças fundamentais entre esses dois momentos distintos da poesia de vanguarda alemã.

A posição de Arno Holz dentro dos movimentos de vanguarda literária do início do século XX é, portanto, marcada tanto por sua presença em importantes canais de divulgação da literatura moderna de invenção quanto por sua resistência de ser identificado com o gesto programático destrutivo desses movimentos. O que, sem dúvida, caracteriza o papel de Holz como precursor da poesia de vanguarda produzida a partir da segunda década do século XX na Alemanha é a priorização da linguagem como instância poética fundamental. "Pois sem a forma, as melhores ideias não servem para nada na arte!"[41], escreve ele, em agosto de 1885, ao poeta Otto Erich Hartleben. Mesmo compartilhando do diagnóstico de uma crise de representação e de uma crise de linguagem que constituem o horizonte estético da modernidade literária de matriz francesa na segunda metade do século XIX, Arno Holz não desenvolve a sua poética de invenção em diálogo direto com Baudelaire, Rimbaud e Mallarmé e seu movimento de linguagem absoluta. O seu ponto de partida para a criação de uma poética de vanguarda é o naturalismo de Émile Zola, submetido – no escrito teórico *Die Kunst, ihr Wesen und ihre Gesetze* (A Arte, Sua Essência e Suas Leis), de 1891-1892 – a uma revisão que culminaria no destaque da materialidade da linguagem como traço diferencial da arte.

Em "Zola als Theoretiker" (Zola Como Teórico), de 1890, texto incorporado na íntegra a *Die Kunst, ihr Wesen und ihre Gesetze*, Arno Holz reconhece os progressos da obra literária do "Zola prático", sob influência de Honoré de Balzac, e questiona a contribuição do "Zola teórico", fundamentado no pensamento positivista de Hippolyte Taine, considerando-a uma "estagnação". Para ele, o postulado central de Taine sobre a obra de arte e sua dependência do ambiente, bem como sua constatação de que a essência da arte não é reproduzir a natureza, não passariam de truísmos incorporados por Zola. Sua principal ressalva à teoria

---

40   Idem, *Das Werk von Arno Holz, v. 10: Die neue Wortkunst*, p. 721.
41   Idem, *Briefe*, p. 72.

naturalista de Zola toca a aplicação literal de princípios das ciências naturais à literatura, sobretudo a noção de experimentalismo.

> Aquela liga de duas substâncias do químico, onde ela ocorre? Na palma da sua mão, em seu pequeno recipiente de porcelana, em seu tubo de ensaio. Ou seja, na realidade. E a liga de ambas as substâncias do poeta? No seu cérebro, na sua fantasia, sabidamente; seja como for, na realidade é que não. E a essência do experimento não é justamente ocorrer na realidade e somente nela? Um experimento que acontece apenas no cérebro do experimentador não é de forma alguma um experimento, mesmo que seja fixado dez vezes! Na melhor das hipóteses, pode ser a imagem recordada de um experimento já ocorrido na realidade, nada mais.[42]

A crítica central de Holz se dirige, portanto, contra a abstração da realidade material da obra de arte. Uma teoria que observe somente a operação intelectual ou a dinâmica de criação na mente do autor oblitera as condições materiais de realização da arte. É justamente contra essa tendência de desmaterialização da obra literária implícita na teoria do romance experimental de Zola que Arno Holz argumentará, em sua revisão do postulado de que "uma obra de arte é um ângulo da criação visto através de um temperamento", que servirá de ponto de partida para uma reformulação da relação entre arte e realidade extra-artística. No lugar do "temperamento" do artista, Holz destaca a lacuna entre a intenção estética e sua respectiva realização, lacuna essa a ser preenchida pelas condições práticas de produção artística. Por fim, Holz chega a uma fórmula final definidora da relação entre arte e natureza: Arte = Natureza[43] – x, sendo que a incógnita x seria determinada pelas "condições de reprodução da arte" e pelo "domínio" dessas condições por parte do artista, um domínio "correspondente ao objetivo imanente a essa atividade"[44]. Definindo por extenso a sua nova

---

42 Idem, *Die Kunst, ihr Wesen und ihre Gesetze: Zwei Folgen*, p. 42.

43 Holz adota um conceito ampliado de natureza como base única da poesia. Em carta de janeiro de 1886 a Max Trippenbach, ele indaga – retoricamente – se "a vida humana, a vida dos povos não seria uma parte da natureza", se haveria "algum assunto realista que não fosse natureza". Idem, *Briefe*, p. 73-74.

44 Idem, *Die Kunst, ihr Wesen und ihre Gesetze: Zwei Folgen*, p. 56.

equação, Holz postula que "a arte tem a tendência de ser natureza de novo. Ela o é na proporção de suas respectivas condições de reprodução e do modo de tratá-las"[45]. Atendo-se à relação entre arte e realidade extra-artística, Arno Holz transfere o foco explicitamente para o material, para os recursos e procedimentos técnicos da arte e para seu manejo (*Handhabung*) pelo artista.

Alguns anos depois, concomitantemente ao lançamento do segundo caderno da primeira edição de *Phantasus* em livro, Arno Holz publica um escrito crítico-teórico em que procura se situar dentro da vanguarda literária: *Revolution der Lyrik* (Revolução da Poesia Lírica), de 1899. Assim como – em *Die Kunst, ihr Wesen und ihre Gesetze* – Holz buscara marcar sua posição como escritor dentro do naturalismo e sua contribuição inovadora em relação a Zola, além de legitimar a prática literária inaugurada na prosa narrativa de *Papa Hamlet* (1889), em *Revolution der Lyrik* ele procura contextualizar o recém-publicado *Phantasus* como marco da renovação da poesia alemã.

A ideia de que a qualidade da obra de arte depende do grau de "domínio das condições de reprodução", expressa no escrito de 1891-1892, retorna de forma mais depurada nos escritos posteriores:

> Como o objetivo de uma arte sempre permanece o mesmo, ou seja, a apreensão mais intensa possível daquele complexo a ser acessado através dos meios que lhe são próprios, suas diferentes etapas só podem ser naturalmente medidas de acordo com seus métodos diversos de atingir esse objetivo. Só se revoluciona a arte à medida que se revolucionam seus meios. Ou, como seus meios sempre permanecem os mesmos: à medida que se revoluciona bem modestamente o domínio desses meios. Hoje esse raciocínio pode parecer óbvio a muitos. Em *Die Kunst*, 1890, eu já tinha fornecido a base disso.[46]

A revisão dos pressupostos teóricos do naturalismo francês levou Arno Holz, por um lado, à focalização prioritária do material da arte e, por outro, à reformulação da ideia de experimentalismo. Segundo a interpretação

---

45 "Die Kunst hat die Tendenz, wieder die Natur zu sein. Sie wird die nach Maßgabe ihrer jeweiligen Reproduktionsbedingungen und deren Handhabung." Ibidem.

46 Idem, *Revolution der Lyrik*, p. 23.

holziana, o conceito de experimento em Zola se restringia a uma operação mental alheia não apenas às condições materiais da obra de arte, mas também à temporalidade do processo de criação. Essas duas ressalvas são fundamentais para a contextualização histórico-estética da obra holziana.

Definir o lugar de Arno Holz dentro da linhagem de vanguarda requer, em linhas gerais, o reconhecimento de sua afinidade com o conceito de modernidade sugerido pelo primeiro romantismo alemão na virada do século XVIII para o XIX, de sua vivência da crise da representação e da linguagem que marcou a reflexão filosófico-literária dos países de língua alemã na virada do século XIX para o século XX, de sua revisão dos pressupostos teóricos do naturalismo literário, de sua relação com as vanguardas do início do século XX, bem como de sua recuperação pelas vanguardas de meados do século XX.

["Inferno", em Quatro Edições]

PHANTASUS 1899

Die Lampe brennt.

Von allen Wänden
schweigen um mich die dunklen Bücher.

Eine kleine Fliege, die noch munter ist,
verirrt sich in den gelben Lichtkreis.

Sie stutzt, duckt sich und tupft mit dem Rüssel auf das Wort
Inferno.

O candeeiro queima.

Das paredes todas
silenciam em torno livros sombrios.

Uma mosca mínima, animada ainda,
se perde no círculo amarelo de luz.

Ela amua, recua e pontua com a tromba a palavra
Inferno.

PHANTASUS 1916

Über einen alten, scheußlich zerlesenen Schweinslederband gebückt,
aus dessen üblem, finstrem Latein
mich der ganze, grässlich konzentrierte Irrsinn
von fünf,
heimlich noch immer in uns nachschwelenden, christlichen Jahrhunderten anweht,
habe ich alles um mich
vergessen.

Malleus . . . maleficarum!
Der Hexenhammer!
Ersticktes Jammern, herzzerreißendes Gestöhn,
Schreie,
dumpfe, unbarmherzige, brunsttolle Henkersgier und –
Blutbrodem!
Von all dem qualvoll Widerlichen wie gebannt, vor innerstem Entsetzen fast gelähmt,
mühsam,
Satz für Satz, Zeile um Zeile,
arbeite ich mich durch das schauerliche Schlusskapitel.
Das leise Geräusch, mit dem ich eine neue Seite umdrehe,
lässt mich, plötzlich,
aufblicken.
Der tiefrote Fenstervorhang,
seltsam lang,
hängt unbeweglich, drohend starr,
voll schwarzer, schwerer, grauser, unheimlichst stummer, gespenstischster Schatten!

43

Die Lampe

brennt,

von allen Wänden

schweigen um mich ... die dunklen Bücher.

Eine kleine Fliege, die noch munter ist,

verirrt sich

in den gelben Lichtkreis.

Sie klettert über den grau verstaubten Büttenrand,

putzt sich die Flügel,

läuft geschäftig drei Finger breit durch das krause Letterngewirr,

stutzt,

duckt sich und tupft mit dem Rüssel auf das Wort:

INFERNO.

Debruçado sobre um antigo livro com capa de couro suíno, desfolhado de tão lido,
cujo sofrível, sombrio latim
insufla em mim toda essa horrenda quintessência do contrassenso
de cinco
séculos cristãos ainda secretamente incandescentes em nós,
esqueço tudo
à volta.

Malleus . . . maleficarum!
O Martelo das Bruxas!
Súplica sufocada, gemido agônico,
gritos,
a tosca, atroz, orgiástica avidez do algoz e –
ranço de sangue!
Como que possuído por uma repulsa supliciada, semiparalisado pelo mais introverso pavor,
só a muito custo,
frase a frase, linha a linha,
vou penetrando o arrepiante capítulo final.
O diminuto ruído da próxima página que viro
de súbito me faz
levantar o olhar.
A cortina da janela, rubro-fundo,
bizarra de tão longa,
pende imóvel, ameaça petrificada,
repleta de negras, densas, horrendas sombras, soturnas de tão mudas, fantasmagóricas!

O candeeiro
queima;
das paredes todas
silenciam em torno . . . livros sombrios.
Uma mosca mínima, animada ainda,
se perde
no círculo amarelo de luz.
Sobe à borda do papel grisalho de pó,
apura as asas,
percorre, toda ágil, três polegadas da crépida babel de letras,
amua,
recua, pontua com a tromba a palavra:
INFERNO.

PHANTASUS 1925

Über
einen alten,
stockfleckscheckigen, moderrüchigen, daumendruckdreckigen,
scheußlich zerlesenen,
wurmfraßlöcherigen, staubmehlrinseligen
Schweinslederband
gebückt,
aus dessen übelem, finsterem, barbarischem Latein
mich
der ganze
greulich verbohrte, aberwitzige, grässlich konzentrierte
Irrsinn
von fünf, fünf,
fünf
heimlich noch immer in uns nachschwelenden
„christlichen Jahrhunderten"
anweht,
habe ich . . . alles . . . um mich
vergessen.

Der
Hexenhammer!

Ersticktes Jammern, herzzerreißendes Gestöhn,
Schreie,
dumpfe, umbarmherzige, brunstvolle Henkersgier
und
Blutbrodem!

Von
all dem qualvoll Widerlichen
wie
gebannt,
vor innerstem Entsetzen
fast
gelähmt,
Satz für Satz, Wort für Wort,
Zeile um Zeile,
fiebernd, stoßatmig, mühsam,
jeden
Nerv gespannt,
ackere ich mich, arbeite ich mich, rackere ich mich
durch das
schauerliche . . . Schlusskapitel.

Das leise Geräusch, mit dem ich eine neue Seite umdrehe,
lässt mich, plötzlich,
aufblicken.

Der tiefrote Fenstervorhang,
seltsam lang,
hängt unbeweglich, drohend starr,
voll schwarzer, schwerer, grauser, unheimlichst stummer, gespenstischster Schatten!

Die Lampe
brennt,
von allen Wänden
schweigen um mich . . . die dunklen Bücher.
Eine kleine Fliege, die noch munter ist,
verirrt sich
in den gelben Lichtkreis.
Sie klettert über den grau verstaubten Büttenrand,
putzt sich die Flügel,
läuft geschäftig drei Finger breit durch das krause Letterngewirr,
stutzt,
duckt sich und tupft mit dem Rüssel auf das Wort:
INFERNO.

Sobre
um livro antigo,
mofomefítico, bolorespurco, imundedilhado,
já desfolhando de tão lido,
traçatravessado, já polvilherizando,
sobre esse livro com capa de couro de porco
estou aqui debruçado;
seu sofrível, sombrio, barbárico latim
me insufla
toda essa
horrenda quintessência do contrassenso, medonha de tão ferrenha,
esse desatino
de cinco, cinco,
cinco
séculos secretamente incandescentes em nós,
"séculos cristãos"
que me insuflam,
enquanto . . . tudo . . . à minha volta
se esquece.

O
Martelo das Bruxas!

Súplica sufocada, gemido agônico,
gritos,
a tosca, atroz, orgiástica avidez do algoz
e
ranço de sangue!

Por esta
supliciada repulsa
como que
possuído,
pelo mais introverso pavor
quase
paralisado,
frase a frase, termo a termo,
linha a linha,
febril, ofegante, aferrado,
com todos
os nervos tesos,
vou me empenhando, me embrenhando, me entranhando
no
no arrepiante . . . capítulo final.

O ruído diminuto da próxima página que viro
de súbito me faz
levantar o olhar.

51

A cortina da janela, de um purpúreo fundo,
bizarra de tão longa,
pende imóvel, ameaça petrificada,
plena de negras, densas, horrendas sombras, soturnas de tão mudas, fantasmagóricas!

O candeeiro
queima;
das paredes todas
silenciam em torno . . . os livros sombrios.
Uma mosca mínima, animada ainda,
se perde
no círculo amarelo de luz.
Sobe à borda do papel grisalho de pó,
apura as asas,
percorre, toda ágil, três polegadas da crépida babel de letras,
amua,
recua, pontua com a tromba a palavra:
INFERNO.

PHANTASUS 1961

INFERNO

Über
einen alten,
schändlich, schundig, scheußlich
zerlesenen,
marginalienbedeckten, unterstreichungenverkleckten,
offenbar, offensichtlich, offenklar
Leibbuch,
Handbuch, Richtbuch
gewesenen,
knickecken-speckigen, daumendruck-
dreckigen,
rückenbrüchigen, moderrüchigen,
silberläuschenkriechigen,
wurmfraßlöcherigen, staubmehlrinseligen,
Schweinslederband
gebückt,
aus dessen übelem,
finsterem,
verfälschtem, verschmutztem, verderbtem,
barbarischem, bestialischem
Kirchen, Küchen-
und

Kakarlaken-
Latein
mich der ganze
greulich verdrillbohrte, aberwitzige, grässlich
verwahntierte,
kulminierte, sublimierte, extrahierte, konzentrierte
Irrsinn
von
fünf, fünf,
fünf
heimlich noch immer in
uns
nachschwülenden, nachschwadenden, nachschwelenden
„christlichen Jahrhunderten"
habe . . . ich alles . . . um mich
vergessen!

Malleus
maleficarum!

Der
Hexenhammer!

Ersticktes
Jammern, herzzerreißendes Gestöhn,
Schreie,
dumpfrohe, umbarmherzige, brunstvolle

Henkersgier
und
Blutbrodem!

Von
all dem qualvoll Widerlichen
wie
gebannt,
vor
innerstem Entsetzen
fast gelähmt,
Satz für Satz, Wort für Wort,
Zeile um Zeile,
fiebernd, stoßatmig, mühsam,
jeden
Nerv gespannt,
ackere ich mich, arbeite ich mich, rackere ich
mich,
menschenschulddurchknüttelt, menschenschmachdurchbüttelt,
menschenekelgeschüttelt,
durch das
schauerliche, scheusälige, schaudervolle
Schlusskapitel.

Das leise Geräusch, mit dem ich eine neue Seite umdrehe,
lässt mich, plötzlich,
aufblicken.

Der tiefrote Fenstervorhang,
seltsam lang,
hängt
unbeweglich, drohend
starr,
voll schwarzer, voll schwerer, voll
grauser,
unheimlichst stummer, gespenstischster
Schatten!

Die
Lampe brennt,
von
allen Wänden
schweigen um mich . . . die dunkelen Bücher.

Eine kleine Fliege, die noch munter
ist,
verirrt sich,
in den gelben Lichtkreis.

Sie klettert über den grau verstaubten Büttenrand,
putzt sich die Flügel,
läuft geschäftig drei Finger breit durch das krause Letterngewirr,
stutzt,

hält, duckt sich
und
tupft mit dem Rüssel auf das Wort:

INFERNO.

INFERNO

Sobre
um livro antigo,
infame, ínfima, impiamente
desfolhado de tão lido,
pródigo de glosas, poluído de grifos,
indiscutível, indubitável, irrefutavelmente
um livro de cabeceira,
de referência, de ocorrências
outrora,
graxocantovincado, imun-
dedilhado,
dorsiquebradiço, bolorespurco,
com pistas de lepisma,
traçatravessado, já polvilherizando,
sobre este livro com capa de couro de porco
estou aqui debruçado;
seu sofrível,
sombrio,
falsífico, espurco, espúrio,
barbárico, bestial
latim
de igreja, de assim-seja,
e

de percevejo
me insufla todo esse contrassenso
tenebroso de tão tresloucado e restritortuoso, terrífico de tão
tresvariado,
este depurado, sublimado, destilado, concentrado
desatino
de
cinco, cinco,
cinco séculos
ainda secretamente
dentro da gente,
estes ainda asfixiantes, esfumaçantes, enevoantes
"séculos cristãos",
enquanto . . . tudo . . . à volta
se esquece!

Malleus
maleficarum!

O
Martelo das Bruxas!

Súplica
sufocada, gemido agônico,
gritos,
surda-bruta, crua, saturnina

avidez do algoz
e
ranço de sangue.

Por
esta supliciada repulsa
como que
possuído,
pelo
mais introverso pavor
quase paralítico,
frase a frase, termo a termo,
linha a linha,
febril, ofegante, aferrado,
todos os
nervos tesos,
eu me empenho, me embrenho, me entranho
assim
sacudido de culpa, mexido de vexame,
vascolejado de asco,
pelo
arrepiante, horripilante, aterrorizante
capítulo final.

O diminuto ruído da próxima página que viro
de súbito me faz
levantar o olhar.

A cortina da janela, de um purpúreo fundo,
bizarra de tão longa,
pende
imóvel, ameaça
petrificada,
plena de negras, plena de densas, plena de
horrendas,
soturnimudas, fantasmagóricas
sombras!

O
candeeiro queima,
de
todas as paredes
silenciam em torno . . . livros sombrios.

Uma mosca mínima, animada
ainda,
se perde
no círculo amarelo de luz.

Sobe à borda do papel grisalho de pó,
apura as asas,
percorre, toda ágil, três polegadas da crépida babel de letras,
susta,

amua, recua,

e

pontua com a tromba a palavra:

INFERNO

Projeto Phantasus em Expansão

O projeto Phantasus, surgido durante quarenta anos de contínua reescrita e crescente elaboração rítmico-verbal, perfaz um movimento fundamental do modernismo clássico. *Phantasus* já se intitula o ciclo de treze poemas em tetrâmetros jâmbicos inserido na seção "Großstadt" (Metrópole) de *Das Buch der Zeit* (O Livro do Tempo, 1885). Segundo Holz, esse ciclo – escrito em uma semana – transmitia, "em cantigas, os *états d'âme* de um jovem poeta que sucumbe à trivialidade do seu meio, em uma mansarda qualquer lá em cima, em Berlim N[orte]"[1]. Embora a ênfase naturalista na miséria metropolitana, da qual o poeta tenta escapar por meio da fantasia, tenha se diluído posteriormente, essa moldura ficcional permanece como rastro nas versões subsequentes de *Phantasus*. Essa concepção inicial também justifica a referência à figura mitológica de Phantasos, filho de Hypnos e divindade do sonho.

O desenvolvimento temático-formal do projeto Phantasus prossegue nos quatorze anos subsequentes por meio de publicações de poemas ou grupos de poemas, sob esse título ou sob essa rubrica, em revistas como *Das Magazin für Litteratur* (Leipzig, 1891), *Moderner Musen-Almanach auf das Jahr 1893* (Munique), *Pan* (Berlim, 1896-1900), *Ver Sacrum* (Viena, 1898), *Jugend* (Munique, 1898-1899) e *Die Zukunft* (Viena, 1899). Com o poema "Nacht", escrito em 1886 e publicado em *Das Magazin für Litteratur* em 1891, Arno Holz introduz nesse projeto poético o verso livre e o eixo central de diagramação do poema.

---

1   A. Holz, *Das Werk von Arno Holz, v. 10: Die neue Wortkunst*, em *Das Werk von Arno Holz*, v. 10, p. 700.

Essas publicações em revistas são em grande parte incorporadas, intactas ou modificadas, na coletânea de cem poemas lançada em dois volumes, em Berlim, nos anos 1898 e 1899. Segundo relembra Arno Holz: "Esta segunda versão quase não tinha mais semelhança nenhuma com a primeira. O poeta da fome, como acessório de papelão, tinha ido parar no quarto de despejo; nas linhas estranhamente ordenadas por um eixo central invisível, que variavam – arbitrariamente, ao que parecia – de uma a vinte sílabas, não havia o menor rastro da ordem estrófica convencional."[2]

Além de eliminar a uniformidade métrica, a recorrência rímica e a regularidade estrófica, Holz gera – no *Phantasus* 1898-1899 – assimetrias rítmicas por meio da diagramação centrada do poema. Distante de reminiscências métricas, Holz configura o ritmo nem tanto por meio da textura sonora ou do esquema acentual do poema, mas em grande medida pelo jogo de cortes de linhas e estrofes que compassa a progressão cênico-imagética. Uma referência central para a lírica holziana da virada de século XIX para o XX, bastante nítida nessa versão de *Phantasus*, é a poesia oriental, especialmente o haiku japonês[3] – não como um modelo de brevidade ou de regularidade silábica, mas pela forma condensada de captar sensorialmente ocorrências pontuais[4] e encadeá-las parataticamente em uma sequência quase fílmica. A figuração metafórica é praticamente inexistente nessa versão de *Phantasus*. Nesses poemas de tendência bastante substantiva, o foco recai sobre objetos concretos e seu trânsito cênico. Mesmo mantendo-se a integridade sintática, a justaposição assindética de breves núcleos cênicos gera um efeito de fragmentação. É na frequência dos cortes de linhas e estrofes, ou seja, no sequenciamento de intervalos delimitados pelo branco da página, que se constitui o ritmo do encadeamento de imagens. Esse primeiro *Phantasus* em formato de livro ainda é uma coletânea

---

2   Ibidem, p. 702.

3   Para estudos acerca da influência da estética oriental, em especial japonesa, sobre o *Phantasus* 1898-1899, ver J. Stüben, Anch'io sono pittore! Bilder und Imaginationen im *Phantasus* von Arno Holz, em H.-G. Grüning (a cura di), *Immagine – Segno – Parola: Processi di Tranformazione*, v. 1, p. 314-315; S. Winko, "Hinter blühenden Apfelbaumzweigen steigt der Mond auf": Japanrezeption und Wahrnehmungsstruktur in Arno Holz' frühem *Phantasus*, *Jahrbuch der deutschen Schillergesellschaft*; e H.D. Zimmermann, "Ein Kukuk ruft": Asiatische Einflüsse in der Lyrik von Arno Holz, *Text + Kritik, 121: Arno Holz*.

4   Essa característica dos poemas de *Phantasus* levou a crítica da virada de século XIX para o XX a qualificá-los como "poesia impressionista". A esse respeito, ver artigo de Franz Servaes contemporâneo à publicação do *Phantasus* 1898-1899 (*Die Zeit*, Ano 5, n. 212, Viena, 1898-1899), em D. Bänsch; E. Ruprecht (orgs.), *Jahrhundertwende: Manifeste und Dokumente zur deutschen Literatur 1890-1910*, p. 32-40.

de poemas esparsos que configuram – no espaço imaginativo e no espaço da página – motivos urbanos, históricos, mitológicos ou fabulares. Muitos deles viriam a funcionar, a partir da versão de 1916, como células ampliáveis em dinâmicas mais abrangentes.

Arno Holz continua canalizando poemas para o projeto Phantasus nos anos subsequentes. Alguns deles foram publicados nas revistas *Die Funken* (Munique, 1905), *Das neue Pathos* (Berlim, 1913), *März* (Munique, 1913), bem como na antologia *Zehn lyrische Selbstportraits*[5] e no livro *Arno Holz und seine künstlerische, weltkulturelle Bedeutung*, de Robert Ress. A esse amigo e apologista de sua poesia, Arno Holz anuncia, em julho de 1913, uma edição ampliada de *Phantasus*. "Para não morrer de tédio, retomei o Phantasus. Os sete cadernos estão quase prontos, texto como na amostra anexa, formato 25x34. Texto e capa em papel artesanal e preço por exemplar cinco marcos. Previsão de lançamento, segunda metade de outubro. O que no momento me parece pouco definitivo, deixei fora. Mais rápido, então, se poderá lançar o caderno subsequente no próximo ano!"[6]

O *Phantasus* permanece uma coletânea de poemas nessa versão de 1913, da qual apenas três dos sete cadernos planejados foram impressos. Além de interromper a produção do livro, Arno Holz mandou destruir os cadernos que já haviam sido impressos, com seus 73 poemas, poupando apenas 24 exemplares[7]. Ao recapitular esse episódio mais de dez anos depois, Holz explica que essa "versão intermediária" lhe parecera "imperfeita demais"[8]. De fato, a versão de 1913 – pelo que pode se julgar do que chegou a ser impresso – não diferia muito, na concepção, da publicação de 1898-1899. Essa nova coletânea ampliava, em parte, a amostra publicada quase uma década e meia antes, incluindo diversos poemas novos. No entanto, a concepção do livro permanecia a mesma: uma coletânea de poemas a serem lidos separadamente. Tendo em vista a transformação significativa da obra nos três anos subsequentes, realmente pode ser que Holz tenha interrompido a impressão em curso por causa da nova concepção.

---

5   Leipzig: Dieterich, 1906.

6   A. Holz, *Briefe*, p. 200-201.

7   Em um desses exemplares, que integra o acervo da Staatsbibliothek de Berlim, lê-se, no terceiro fascículo da edição: "Edição em sete fascículos, suspensa por mim mesmo, da qual apenas estes três foram impressos. Toda a edição foi destruída, com exceção de 24 exemplares, dos quais este é o vigésimo. Arno Holz." Idem, *Phantasus*, 1913, 3 v.

8   Idem, *Das Werk von Arno Holz, v. 10: Die neue Wortkunst*, em *Das Werk von Arno Holz*, v. 10, p. 703.

67

De fato, em 1916, Arno Holz lança a edição monumental de *Phantasus*, em um volume de 33cm x 44cm projetado para comportar versos de até cinquenta sílabas, alternados com outros, de apenas uma, por exemplo. Já não se trata mais de uma coletânea de poemas, mas sim de um poema único, com aproximadamente dezessete mil versos, subdividido em sete partes. Nessa versão, Arno Holz chega a uma estrutura poemática cíclica e à sobreposição de estratos de teor biográfico, histórico, antropológico, paleontológico e cosmogônico, elementos esses que permanecerão intactos nas versões subsequentes. É no *Phantasus* 1916 que Arno Holz dilui a substantividade subjacente às versões anteriores por meio de enumerações de adjetivos e verbos, estendendo as frases até o limite da ilegibilidade – como, por exemplo, a do episódio "Tausendzweites Märchen" (Mil e Segundo Conto de Fada), na quinta parte do livro, que se desdobra em um único período ao longo de 743 linhas, tomando mais de quinze páginas. A transformação de uma coletânea de poemas em um "poema em expansão", conforme o denominaria Haroldo de Campos[9], é o dado fundamental que caracteriza a edição de 1916 como peça central do projeto Phantasus. A ideia da obra como movimento contínuo de reescrita já fazia parte, desde o início, da concepção desse poema-livro. Isso é o que confirma Arno Holz ao afirmar que a versão de 1916 só correspondia a um terço do todo projetado, constituindo, portanto, apenas um fragmento: "A maturação completa de uma obra dessas pressupõe a duração imperturbada de uma série de anos, impossível de ser calculada de antemão."[10]

Enquanto o *Phantasus* 1898-1899 atinge alto grau de concisão verbal e abdica programaticamente de certas convenções poético-formais vigentes até então, o *Phantasus* 1916 inicia um processo de inflacionamento verbal, volta a recorrer intensamente a procedimentos de elaboração sonora, como aliteração, assonância e rima, e adere a uma imaginação neologística que, na literatura alemã, só tem precedentes análogos no barroco. Todos esses traços serão radicalizados nas edições subsequentes. Descrevendo, retrospectivamente, a motivação de reescrever o *Phantasus* 1916, Arno Holz se refere à experiência de reler sua obra e sentir,

9   *O Arco-Íris Branco*, p. 81.
10   A. Holz, *Die befreite deutsche Wortkunst*, p. 30.

"entre as coisas mais sonoras, que me encantavam, entre trechos em que não havia mais o que melhorar [...] – de repente, o abalo de que faltava algo, o sobressalto de que a coisa não ia 'para frente', a terrível sensação de que algo não estava 'em ordem'"[11]. Com isso, ele se refere à sua percepção *a posteriori* de uma "lei numérica" (*Zahlengesetz*) supostamente incipiente, mas não levada a cabo conscientemente, no *Phantasus* 1916. A lei, "cujos fundamentos lhe escapavam" racionalmente, cuja existência, no entanto, a sua "sensação sempre voltava a revelar", resumia-se ao fato de que "uma relação numérica subjazia à [sua] rítmica", algo que Holz também denomina "arquitetônica numérica"[12].

O processo de reescrita do *Phantasus* 1916 viria a culminar na publicação de uma versão com aproximadamente 48 mil versos, que ocupa 1.345 páginas em três dos dez volumes da obra reunida de Holz lançada em 1925. O aumento considerável do número de versos não se deve somente à ampliação do texto, mas também ao fato de Holz ter seccionado o poema de 1916 em um número bem maior de linhas. Isso fazia parte da "lei" que prescrevia a variação do número de elementos justapostos em cadeia (fossem eles versos ou palavras de uma mesma classe, como adjetivos, advérbios ou verbos, entre outras possibilidades) segundo a sequência 1, 3, 5, 7, 9, 12, 15 e assim por diante[13]. A divisão do poema em nove partes (em vez das sete que constavam da edição de 1916) também faz parte das modificações dessa edição.

Após a publicação do *Phantasus* 1925, Arno Holz prosseguiu com a reescrita da obra até a sua morte em 1929, chegando a um poema de sessenta mil versos. Além de manter o critério numérico de reestruturação nessa versão, manuscrita sobre as páginas da edição de 1925, Holz atribui títulos às nove seções do poema e aos blocos textuais que as compõem e passam então a ser vistos como subseções ou até mesmo poemas distintos.

No processo de reescrita de *Phantasus*, ao longo das edições de 1898-1899, 1916, 1925 e 1961-1962, nota-se, por um lado, a crescente intensificação de algumas tendências, como a de inflacionamento verbal e de aglutinação neologística. O teor autorreferencial do poema também vai se acentuando gradativamente.

---

11 Idem, *Das Werk von Arno Holz, v. 10: Die neue Wortkunst*, em *Das Werk von Arno Holz*, v. 10, p. 706.
12 Ibidem, p. 707s.
13 Ibidem, p. 715. Arno Holz elucida a sua "lei" ou "arquitetônica numérica" em "Die Idee und Gestaltung des *Phantasus*" (*Die befreite deutsche Wortkunst*, p. 38s.). Para uma análise da "lei numérica" esboçada por Arno Holz, ver Robert Ress, *Die Zahl als formendes Prinzip: Ein Naturgesetz*.

Por outro lado, alguns princípios adotados inicialmente foram revertidos ao longo do percurso de *Phantasus*. A renúncia deliberada à métrica[14], à rima e a outros recursos de sonoridade na edição de 1898 é gradualmente revertida nas versões subsequentes: no *Phantasus* 1916, os recursos de reiteração sonora são fundamentais para a constituição rítmica e, nas posteriores, nota-se o retorno de resquícios métricos. Nas duas últimas versões da obra, o seccionamento do poema em um número maior de linhas mais breves altera bastante a configuração do ritmo; nos escritos teóricos que acompanham a publicação das diversas edições de *Phantasus*, nota-se a inversão da concepção do ritmo "natural", não arbitrário, postulada na virada de século XIX para o XX. Inicialmente, a argumentação era a de que o ritmo deveria surgir do fluxo da escrita, sem depender de padrões aprioristicos; depois de 1916, o vislumbre de uma lei numérica por trás dessa "naturalidade" implicaria o retorno a um padrão – por mais que esse padrão não fosse determinado pelas convenções poéticas greco-romanas, mas sim por uma "mística numérica"[15] pretensamente subjacente a todas as coisas. Essa reconvencionalização do poema também se confirma, por exemplo, no fato de que a divisão dos versos ao longo das edições se guia cada vez mais por categorias sintático-gramaticais e não poético-discursivas. A reintrodução de parâmetros aprioristicos à escrita do poema não torna, no entanto, as versões posteriores de *Phantasus* menos inventivas que as iniciais, graças à ênfase constante que Arno Holz confere à materialidade da linguagem em sua criação literária.

14 Nesse ponto, Arno Holz é considerado pioneiro na literatura alemã. Ver H. Schultz, *Vom Rhythmus der modernen Lyrik: Parallele Versstrukturen bei Holz, George, Rilke, Brecht und den Expressionisten*, p. 93: "O primeiro poeta moderno na Alemanha que se voltou drasticamente contra as formas métricas transmitidas pela tradição e tentou avançar na poesia rumo a novas formas foi Arno Holz."

15 Em "Idee und Gestaltung des *Phantasus*" (1918), Arno Holz se refere a uma "mística numérica" (*Zahlenmystik*), suposta na constatação, *a posteriori*, de coincidências numéricas na construção do *Phantasus* 1916. A. Holz, *Die befreite deutsche Wortkunst*, p. 41. Holz se refere a uma "mística" por verificar empiricamente a recorrência de certos padrões e, ao mesmo tempo, admitir que a causa dessa "estranha aritmética" escaparia à sua compreensão. A "magia linguística", um dos traços marcantes das poéticas baudelairiana e mallarmaica apontados por Hugo Friedrich (*Die Struktur der modernen Lyrik: Von Baudelaire bis zur Gegenwart*, p. 36, 102), passa a transparecer nessa fase da reflexão poética holziana, associada – contudo – a um discurso pseudocientífico. Carola von Edlinger reconhece nessa argumentação de Holz uma interdiscursividade matemático-mítica, com elementos biológico-matemáticos (*Kosmogonische und mythische Weltentwürfe aus interdiskursiver Sicht: Untersuchungen zu* Phantasus [*Arno Holz*], Das Nordlicht [*Theodor Däubler*] *und* Die Kugel [*Otto zur Linde*], p. 145).

[...éons e éons já ciente de mim...]

[...]

Als primitiver Steinzeitmensch,
von all den neuen, jungen, unerfaßbar herrlich bunten Wundern,
die sich damals,
von allen Seiten, aus allen Weiten, in allen Erdstrichen, Himmelszonen und Breiten,
raunend trächtig, predigend prächtig, redend mächtig, all-täglich und nächtig, zahllos, um meine jauchzenden,
[singenden, ringenden, klingenden, stürmenden
[Sinne drängten,
schauernd staunend überwältigt,
in immer wieder und wieder ein und den selben Tierfiguren,
Wisents, Mammuts, Renntieren, Pferden, Hirschen, Wildschweinen, Löwen, Bären und Antilopen,
grub ich mein gärendes, wühlendes, stammelndes, grausendes, flammendes, brausendes, taumelndes, Entzücken,
jubelnd frohlockend, selig dankbar,
bangend brünstig,
in die Kalkwand meiner Höhle!
Als grimmer, breitschultrig kiefernmassig augenbrauenwulstig plattnasig lederbraun graurot
[schieferschwarz düstrer,
herkulisch dickhalsig kurzschenklig langarmiger, gedunsen trommelbäuchig zottiger,
vorsintflutlicher Androdryopithekus,
in einem irren, wirren, flirren Zauberfabelmärchenwald

71

von seltsamst riesigst kolossischst himmelhochragendst wunderbaren, betäubendst lilienglockenblütenduftend
[blätterbunten, palmkronenbüschlig rindenringligen
[Drachenblutbäumen,
mit gesträubte Kamm und gefletschten Eckzähnen, den anderthalbzentnerschweren Granitblock in der rechten,
[buschig puschig pelzborstig behaarten Schleuderfaust,
verteidigte ich, hochaufgereckt,
gegen das wütend sich bäumende, pfauchende, zischende, züngelnd kringelnd sich windende,
speichelnd mordhungrig fraßgierig rachenweitauf den dürren, glühend sprühend blühend brühen Grasboden
[peitschende Pythonungetüm,
mein Nest, mein Weib und mein Junges!

Als Ichthyornis oder Fischvogel,
kaum taubengroß,
mit langem, eckig dolchspitzschlankem Zahnschnabel,
Schwimmfüßen und Federn, wie aus den Flügeln der frühsten, rosa silbern noch tauschimmernden Morgenröte,
das blaue, schrankenlose Reich der Luft zum ersten mal in wilden, weiten, tagelangen Mövenflügen kostend,
wiegte ich mich
über den von Milliarden gefräßigen,
grässlichen, scheußlichen, widrigen, widerlichen, bis zu dreißig Metern messenden, schlangenleibrigen
[Mosasauriden wimmelnden Meeren der Kreidezeit!

Als träge, langsam stapfend schrittweis, schwerfällig fleischwanstig ungeschlacht, giraffenhalsig hornschildig
[haushoch wandelnde Riesenechse,
unter dunklen, mächtigen Araukarien, hohen, ragenden Schirmzypressen und breiten, lichtgrün lappigen
[Gingkobäumen,
zwischen jurassischem Bambus und Palmfarnen,
mit minimalstem Insektengehirn bei mindestens zwanzigtausend Kilogramm Schwere,

vergraste ich mehr als dreihundert Jahre,
idyllischst ungestört friedlich,
auf einer vor unausdenkbaren Zeitläuften bereits längst untergegangenen Atlantis!

Als missgestalteter Schuppenlurch,
mit eklem, breitrund zähnebespicktem Kaulquappenmaul,
plattem, stumpfem Ruderschwanz und fetten, quabbligen Fünffingerzehen,
halb noch aus Kiemen, halb schon aus Lungen atmend,
jagte ich,
unter zylindrisch storren, besenbüschligen Sigillarien, gigantischst kandelaberartig sich verästelnden
[Bärlappbäumen
und steilen, kirchturmhohen Schachtelhalmen,
zwischen schwimmenden Algen und Kletterfarnen,
in einem ewig nebelheiß brodelnden,
fast ununterbrochen von prasselnden, peitschenden, wirbelnden Regensturmgüssen, rollenden, krachenden
[Donnerschlägen und zuckend wolkenzerreißenden
[Blitzen durchtobten,
beständigst triefendsten Steinkohlenwald,
nach Schaben, Grillen, Tausendfüßern, Skorpionen, Spinnen, Gespensterheuschrecken
und meinesgleichen!

Als unförmig plumpes, körnlich skulpturiertes Panzerfischbiest,
mit krummen, spitzen, schrägeinwärts stelzenden Armbeinen, wirrem, stachlich spielerisch sich verästelndem
[Fadenbart
und dummem, zyklopisch glotzendem Scheitelauge,
vor schwammgrauen Tagen,
kroch ich, hungrigst nach Beute lungernd,

gierigst, ruhelos, unersättlichst,
durch die weiten, ungeheuren, brackisch seichttrüben Schlammwattenwässer des Devon!

Als silurischer Trilobit,
krebsgliedrig,
mit horndünn federnden, paarweis steckligen, unablässig vibrierenden Asselbeinen
und stieren, glimmend phosphorisch tausendfacettigen Stilaugen,
permanent voller Angst, ineinemfort auf der Hut,
jedes winzigste, schrecklichste, furchtbarste Sekundenbruchteilchen bereit,
mich vor einem der schauerlichst scheußlichst groteskst fratzigst unzählbaren, phantastischst grauenhaften
[Entsetzensungeheuer,
die mich von allen Enden und Ecken, oben und unten, rechts und links fraßlüstern umschossen,
die hinter jedem Riff, zwischen jedem Geklipp, unter jedem Stein heimtückischst hinterhältigst auf mich lauerten,
die mit Saugarmen, Spießzähnen und langen, samtrunden, warzenweichst mörderischst giftschleimigst
[spielenden Nesselfäden,
bißwütigst packgierigst,
nach mir haschten, schluckten, hakten, hackten, schnappten, griffen, gatterten, schlingerten und tentakelten,
plötzlichst,
mit einem Ruck, jählingst zusammenzuknaulen,
vorsichtigst, wachsamst,
äugte ich mich
durch die paradiesischst himmlischst höllischen Blumenwunder, Tangwiesen, Korallenwälder Purpurnächte,
[Felsklippenhöhlenwirrsale, Kraterklüfte und
[Finsterniswüsten der Tiefsee!

Als Ringelwurm im Präkambrium,
nackt,
bloß und schutzlos,
ein einziger, sich windender Muskelschlauch mit irisierend flimmernden Borstenfühlern und Bauchmaul,
baute ich mir,
auf kleinen, zarten, weichwinzigen Klumpftümpfchen emsigst über den Kiesgrund kriechend,
in Röhrenform,
aus Muschelkalk, Sand und eignem, selbsterzeugtem Drüsenmörtel,
mein erstes Haus!

Als tastend formlos, formlos tastend, sich unaufhörlich immer wieder und wieder von Neuem zerteilendes
[Protoplasmaklümpchen,
rätselhaft,
vor Aeonen Aeonen meiner selbst schon bewusst,
umwuselte ich, Jahrbillionen bereits, diesen runden, noch halb brühheißen Ball,
auf dem außer mir nichts als Wasser war!

Und weiß damit Nichts und weiß damit doch:

Ich war und bin und kann durch nichts, durch nichts, durch nichts aus dieser Welt in Nichts mehr wieder
[weggewischt werden!

[...]

Como primitivo hominídeo na Idade da Pedra,
sob o fascínio de todos os novos prodígios, inapreensíveis em seu colorido tão magnífico,
vindos então
de todos os lados, de todos os largos, em todos espaços e cantos terrestres, quadrantes celestes,
prenhegementes, soleneloquentes, verbipotentes, disputando diunoturnos, inúmeros, estes meus eufóricos,
[canoros, animosos, sonoros, revoltos sentidos,
eu, em arrepio e pasmo de fascínio, gravei
sempre aquela uma e única figura animal
de bisonte, mamute, rena, cavalo, cervo, javali, leão, urso e antílope,
gravei meu fervente, revolvente, vociferino, incendiário, sedicioso, ciciante encanto cambaleante,
eu, hílare de tão álacre, grato de tão crente,
lascivo de receio, gravei-o
na parede calcária da minha caverna!

Em cólera, em ombrivasta, maxilarga, sobransaliente, nasichata, couricastanha, gris-rubra, ardosinegra tênebra,
assim hercúleo, pescocigordo, coxicurto, longitentacular, em obeso ventripotente desgrenho,
como pré-diluviano antropopiteco,
em um lusco-louconfuso bosque de faz-de-conto-de-fábula,

com palmibrenhosos, cortexconcêntricos pterocarpos de rara, desmesurada maravilha alçando colossal
[céu-acima, em entorpecente aroma colorifólio de
[lis-em-flor,
com desgrenhada crina e caninos arreganhados, com um bloco de granito de cinco arrobas à mão direita,
[girando o brenhoso punho peludo e hirsuto,
ergo-me ereto e,
diante do repulsivo píton a se empinar em fúria, bufando, silvando, sibilando, a se enroscar e se contorcer,
salivando, mortissedento e ávido de repasto, esse escancara-bocarra açoitando a seca, chamejante-, faiscante-,
[florescentemente escaldante grama rasteira,
defendo meu ninho, minha fêmea e minha prole!

Como ictiórnis ou pássaro-peixe,
de porte nem sequer de pomba,
com longo bico-de-dentes, fino feito adaga arestada,
penas e pés prestes a nado, como se saído das asas da primeira aurora rosa-prata, sob cintilorvalho,
pela primeira vez degustando o azulado, indivisível império aéreo, em vastos, selvagens voos de gaivota, dias a fio,
eu vacilava
pelos mares do cretáceo,
a fervilharem de horrendos, hediondos, repulsivos, repugnantes, monstruosos mosassauros com
[serpenticorpos de até trinta metros!

Como inerte, largo lagarto, de girafa o pescoço, em carapaça córnea, deslizando descomunal em disforme
[corpulerdeza a passo pesado e compassado,
sob escuras vultosas araucárias, sob altos ciprestes sobrestantes e largos, bilobados ginkcos de um verde leve,
[entre cicadóficas e bambus jurássicos,
com minimíssimo encéfalo de inseto para um peso de pelo menos vinte mil quilos,

77

pastei por mais de trezentos anos,
idílica e tranquilamente pacífico,
numa há inimagináveis eras já declinante Atlântida!

Como disforme braquiossauro,
com asquerosa, circularga, denticravada boca de larva,
remando com rabo boto e chato e farta, flácida pata pentadáctila,
respirando ainda por guelras, já por pulmões,
eu à caça,
sob siligárias cilindrocerdosas, vassourarbústeas, sob licopódios ramificando-se gigantescos em galhos
[candelábrios,
sob íngremes equisetáceas com porte de campanário,
entre algas flutuantes e samambaias trepadeiras,
numa nevoardente- e eviternamente fervilhante floresta,
quase ininterruptamente revolta por voraginosos aguaceiros chicoteantes e ricocheteantes, por rumorosas
[trovoadas escalonadas e por relâmpagos rasga-nuvens
[em sobressalto,
nessa floresta de hulha perenemente gotejante,
à caça de baratas, grilos, centopeias, escorpiões, aranhas, bichos-paus
e outros iguais!

Como bestial placodermo de amorfo corpo balofo esculpido em grânulos,
com pernibraços tortos e angulosos, introversos de viés, com desgrenhada filibarba ramificando-se bufarpeada
e com parvos olhos ciclópicos sobre-saltados,
durante dias de um cinza-esponja,
eu rastejava à deriva, faminto de presa,

avidíssimo, irrequieto, insaciabilíssimo,
pelos amplos, vastos, rasoturvos mangues salobres de Devon!

Como trilobita silúrico,
com membros de caranguejo,
isópode, com elásticas patas corneodelgadas, dúplices em contínua vibração,
e olhos saltados, vazios, com incandescentes milifacetas fosfóreas,
em pleno e permanente medo, sempre à espreita,

a cada mínimo átimo de horror e terror, prestes a,
diante de um dos numerosos e mais atrozes, aterradores, grotescos, carrancudos, o mais fantasticodioso
[torvomonstro entre tantos
que me fulminavam lascivorazes de todos os cantos e confins, por cima e por baixo, da direita e da esquerda,
que se emboscavam dissimulados, insidiosos e falsídicos atrás de todo rochedo, por entre cada penhasco,
[sob cada uma das pedras,
que, com seus braços-ventosas, seus longafiados dentes todorredondos, seus mortíferos, verruguiflácidos,
[venenoviscosos tentáculos urticantes,
com garras ávidas e iradas bocarras,
tentavam me agarrar, devorar, fisgar, estraçalhar, agaturrar, empunhar, sitiar, enredar e tentacular,
mais que de repente,
trucidar-me com um tranco, de súbito,
e eu, com toda cautela e cuidado,
de olhos alertas,
por entre uma maravilha de flores paradisiacamente celestinfernais, sargaçais, bosques de corais, noites-
[púrpura, dédalos de penhascavernas, fendas-crateras
[e desertos de trevas no fundo do mar!

Como anelídeo no éon pré-cambriano,
nu,
despido e desprotegido,
um único tubo de músculos se contorcendo, com bocabdome e cerdosos sensores cintilirisantes,
construí para mim,
rastejando afoito sobre o leito de cascalho, sobre um torrão mínimo e tenrimacio,
em forma dc cilindro,
com calcário de conchas, areia e minha própria argamassa drúsica,
a minha primeira casa!

Como grânulo de protoplasma, tateante amorfo, amorfo tateante, me dividindo e redividindo sem cessar,
enigmático,
havia éons e éons já ciente de mim,
revirava arisco, já havia trilhões de anos, este globo redondo e ainda semimorno
no qual, além de mim, só havia água!

E com isso nada sei e com isso tudo sei:

Por nada, por nada, por nada deste mundo fui e sou e posso ser apagado ou reduzido a nada!

Escrita-Ação:
Poesia Como Dinâmica Escritural

O

processo de contínua reescrita de *Phantasus* ao longo de quatro décadas descreve não apenas a gênese de uma obra literária ou o método composicional de um autor; mais do que isso, ele corporifica a noção da escrita como movimento, como ação, como dinâmica – ou, para recorrer a um conceito aristotélico-humboldtiano, como *energeia*[1]. Para a compreensão do projeto Phantasus, inclusive como objeto de tradução, o conceito de textualidade é mais relevante que o de obra. A apreensão da escrita em sua processualidade e temporalidade encontra correspondência nas ideias de metamorfose, evolução e transmigração que perpassam a constituição temático-formal da obra. O próprio resgate da referência mitológica a Phantasos,

---

[1] Em "Über die Verschiedenheit des menschlichen Sprachbaues und ihren Einfluss auf die geistige Entwicklung des Menschengeschlechts" (Sobre a Diversidade da Construção da Linguagem Humana e Sua Influência Sobre o Desenvolvimento do Espírito da Espécie Humana), de 1836, Wilhelm von Humboldt resgata o conceito aristotélico de *energeia* para definir a linguagem humana como atividade e não como produto ou obra: "A linguagem, apreendida em sua real essência, passa continuamente e a cada instante. Mesmo a sua preservação por meio da escrita sempre é uma retenção imperfeita, mumificada, que requer que se tente tornar a recitação viva sensorialmente apreensível. Em si, ela não é uma obra (*ergon*), mas sim uma atividade (*energeia*). Por isso, sua verdadeira definição só pode ser genética. Ela é o trabalho eternamente reiterado do espírito que converte o som articulado em expressão do pensamento. [...] Designar as línguas como trabalho do espírito já é uma expressão perfeitamente correta e adequada, porque a existência do espírito só pode ser pensada em atividade e como tal." (*Schriften zur Sprachphilosophie, Werke*, v. 3, 418s., 430).

a divindade onírica em permanente transformação[2], já é uma marca significativa desse horizonte de referência. Em carta ao escritor Karl Hans Strobl, de junho de 1900, Arno Holz escreve:

> O último "segredo" da minha composição do *Phantasus* [...], já insinuada por mim em seu mais profundo fundamento, consiste essencialmente do fato de que eu me decomponho incessantemente nas mais heterogêneas coisas e formas. Assim como eu, antes do meu nascimento, perfiz todo o desenvolvimento físico da minha espécie, pelo menos nos seus principais estágios, da mesma forma, desde o meu nascimento, perfiz o seu desenvolvimento psíquico. Eu fui "tudo" e os vestígios disso estão armazenados em mim de forma tão numerosa quanto diversificada. Bastaria um acaso e eu não seria mais Arno Holz, "o renovador formal da poesia moderna alemã" [...], mas apenas qualquer Algo arbitrário daquele complexo. Pode ser uma expressão bizarra essa, mas o que está por trás disso vai me possibilitar pouco a pouco configurar mil organismos avulsos em um organismo gigantesco que cresce, vivo, de uma única e mesma raiz.[3]

Com essa descrição, Arno Holz aponta uma referência central de *Phantasus*: a teoria evolucionista de Charles Darwin segundo sua recepção na Alemanha por Erich Haeckel e Wilhelm Bölsche. O que Holz descreve como motivo central de *Phantasus* coincide com o princípio – formulado por Haeckel – de que a ontogênese, ou seja, o desenvolvimento do indivíduo orgânico ou a série de mudanças de forma pela qual todo indivíduo passa durante o período de sua existência individual, recapitula a filogênese, ou seja, o desenvolvimento da linhagem orgânica à qual ele pertence. Outro estrato de referência sobreposto ao mitológico e ao científico diz respeito à noção oriental de transmigração, também presente no poema.

---

2 No 140 canto das *Metamorfoses*, Ovídio descreve Fantasos como uma das três divindades do sono: "O sono em tantos mil não tem ministro / Mais destro que Morfeu, que melhor finja / O rosto, o modo, a voz, o traje, o passo, / A própria locução; porém somente / Este afigura os homens; outro em fera; / Em ave se converte, ou em serpente: / Ícelon pelos deuses é chamado, / Os humanos Fobetor o nomeiam. / Há terceiro também de arte diversa: / É Fantasos, que em pedra, em terra, em onda / Em árvore, e no mais, que não tem alma, / Súbito, e propriamente se transforma. / Uns aterram de noite os reis, e os grandes; / Outros por entre o povo errantes voam" (p. 114, em tradução de Bocage).

3 *Briefe*, p. 127.

O movimento transformativo implícito em todas essas referências torna-se forma em *Phantasus* por meio do mecanismo autogerador da linguagem no poema, com sua acumulação de palavras encadeadas por associação paronomástica, com suas listagens e catálogos enciclopédicos, com seus neologismos. Essa "poética verbogenética de acumulação"[4] é intrínseca à reescrita de *Phantasus*, concebido não como obra fechada mas sim como *Lyrikon*[5], um contínuo lírico em expansão, cuja duração ou extensão não pode ser definida *a priori*. Não se trata de uma obra cujos contornos são concebidos de antemão e depois preenchidos, mas sim uma criação de dentro para fora, indefinidamente expandível. Em uma carta de outubro de 1916, destinada (mas não enviada) ao então prefeito de Berlim, George Reicke, Arno Holz lamenta que o seu recém-lançado *Phantasus* o tenha "assustado e aturdido" tanto, elucidando que "o 'inacreditável formato' do livro proviria do fato de que [ele] [...] não construiu a [sua] casa de fora para dentro, mas sim de dentro para fora"[6]. No processo de escrita do *Phantasus* 1916, as únicas partes fixas eram o começo, marcado por quatro poemas iniciais, e o fim, ocupado por uma longa passagem sinóptica: "Tudo entre ainda [estava] no mais fluido e fluente movimento!", descreve Holz o seu empenho em transformar uma coletânea de poemas em um poema único. Esse movimento torna-se condição para a vivacidade da escrita. Nas versões pretensamente regidas por uma "lei numérica", a certeza de que se tinha encontrado a forma adequada era dada pela sensação de que "a coisa deslanchava": "Só então toda a massa gigantesca, que tantas vezes voltara a emperrar, acabava ganhando 'fluidez' e movimento."[7]

O que constitui o poema, portanto, é a "matéria vivamente organizada, caracterizada por uma contínua diferenciação"[8], a ser atingida também por meio da elaboração rítmica, entre outros fatores. Essa constituição seria contrária a uma estruturação cristalina que, graças a recursos como a métrica, se caracterizaria pela simetria. A forma viva, por sua vez, seria assimétrica. De fato, se observarmos as diferentes seções de *Phantasus*,

---

4   E. Kleinschmidt, Literatur als Experiment: Poetologische Konstellationen der ‚klassischen Moderne' in Deutschland, em M. Luserke-Jaqui; R. Zeller, *Musil- Forum: Studien zur Literatur der klassischen Moderne*, p. 8.

5   A. Holz, Idee und Gestaltung des *Phantasus, Die befreite deutsche Wortkunst*, p. 30.

6   Idem, *Briefe*, p. 227.

7   Idem, Idee und Gestaltung des *Phantasus, Die befreite deutsche Wortkunst*, p. 52.

8   Idem, *Das Werk von Arno Holz, v. 10: Die neue Wortkunst*, em *Das Werk von Arno Holz*, v. 10, p. 725.

surgidas de "dentro para fora", por meio de constantes deslocamentos, expansões, cortes e fusões, a assimetria como resultado é nítida. Tanto em *Phantasus* como no drama *Die Blechschmiede* (A Forja de Latão e Dislates, 1902, 1917, 1921), também submetido a uma contínua reescrita ao longo de quase vinte anos, Holz passou a se interessar pelo princípio da não composição: "Fazer da não composição um princípio me pareceu especialmente atraente, sobretudo numa obra dessas [*Die Blechschmiede*]."[9] A não composição não significa ausência de forma, mas apenas ausência de forma predeterminada; a forma surge com o devir da obra[10].

É justamente a rejeição do uso sistemático de qualquer recurso apriorístico ao texto que está por trás do repúdio de Holz a convenções poéticas vigentes em sua época, como métrica, rima, estrofe e figuras de som. Nesse contexto, ele desqualifica a escansão de versos, afirmando que "é impossível já começar a contar as folhas de uma árvore cuja semente mal brotou da terra"[11]. Essa imagem vegetal deixa transparecer a ideia de que o texto deveria se configurar "naturalmente", como resultado de um processo de escrita indefinível *a priori*. No lugar da forma apriorística, Holz postula a "possibilidade formal" (*Formmöglichkeit*), a forma em estado de latência, a se configurar somente no processo da escrita[12].

Em meados da década de 1880, concomitantemente à propagação do *vers libre* na França, Arno Holz manifestava o interesse de escrever uma obra em "ritmos livres" (*freie Rhythmen*)[13]. Só em 1891, no entanto, com a publicação de "Nacht" (Noite)[14], ele concretizou esse plano, para posteriormente se destacar como um

---

9   Idem, *Briefe*, p. 131.

10 Sobre a afinidade entre Arno Holz e Ezra Pound na questão do devir da obra, ver R. Oeste, *Arno Holz: The Long Poem and the Tradition of Poetic Experiment*, p. 83-86.

11 A. Holz, *Revolution der Lyrik*, p. 27.

12 Idem, Idee und Gestaltung des *Phantasus, Die befreite deutsche Wortkunst*, p. 28.

13 Em 1885, segundo carta enviada ao amigo Max Trippenbach, Holz planejava escrever a obra *Das dritte Testament: Ein Buch freier Rhythmen* (O Terceiro Testamento: Um Livro de Ritmos Livres), cujo título já anunciava uma liberdade rítmica. A denominação "freie Rhythmen" se aplica a polímetros com variação acentual, dotados – no entanto – de um ritmo perceptível que os distingue da prosa. A divisão de versos em grupos diverge das formas estróficas tradicionais. Na Alemanha, os chamados "freie Rhythmen" remontam a Friedrich Gottlieb Klopstock (1724-1803), que se distanciou das prescrições da poética de Martin Opitz, resgatando a forma das odes antigas, sobretudo os ditirambos de Píndaro.

14 O poema "Nacht", publicado na revista *Das Magazin für Literatur*, n. 66 (1891), p. 161, sucede em cinco anos a publicação de "Marine", de Arthur Rimbaud, na revista *La Vogue*, n. 8 (Paris, 1886). O poema rimbaudiano de *Illuminations* – com dez versos de extensão variada – já fora escrito, contudo, em 1872. (H. Friedrich, *Die Struktur der modernen Lyrik*, p. 64.)

dos autores pioneiros na prática do verso livre na Alemanha[15]. O poema "Nacht" viria a abrir o *Phantasus* 1898-1899, cuja edição foi sucedida pela publicação de *Die Revolution der Lyrik* (1899), escrito programático no qual Holz expõe o seu repúdio às convenções formais poéticas e defende a criação de um ritmo poemático não arbitrário. Nesse escrito teórico, a ideia da revolução, ligada à abolição da métrica e da rima, bem como de outras convenções dominantes na poesia alemã até a virada de século XIX para o XX, se articula diretamente com o "teorema de expansão" postulado em *Die Kunst, ihr Wesen und ihre Gesetze*. Em *Revolution der Lyrik*, Holz descreve a história da literatura como um movimento de renovação contínua dos métodos literários. Quando um método "esgotar o círculo naturalmente limitado de suas possibilidades", um novo método o vence, "mas só porque o novo círculo é ampliado"[16]. Esse movimento não se faz por "ruptura radical", por tentativas de se "virar de ponta-cabeça o primeiro achado", ou seja, o "fundamento formal" de uma arte, "mas sim à medida que se liberta esse primeiro achado de tudo aquilo que lhe é supérfluo", seguindo-se, portanto, um princípio de redução e condensação[17]. Nesse sentido, o próprio autor questiona o título *Revolution der Lyrik*, admitindo que teria sido melhor tê-lo intitulado "Evolution der Lyrik". A troca de "revolução" por "evolução" ocorre, de fato, quando Holz republica o texto, com cortes e adendos, nas obras reunidas de 1925.

Após a abolição da obrigatoriedade da métrica e da rima nos gêneros épico e dramático, restaria se fazer o mesmo na lírica[18], libertando-a da "busca de uma certa música, via palavras, como uma finalidade em si mesma"[19]. A ideia seria eliminar tudo de supérfluo ao fundamento formal da poesia. Supérfluo seria,

---

15 Numa carta de 18 de janeiro de 1894, Arno Holz relata o choque causado pela publicação de seus poemas em verso livre: "No *Musenalmanach* de Munique do ano passado [*Moderner Musen-Almanach auf das Jahr 1893*] fui ingênuo de publicar um punhado de poemas desse tipo. O resultado foi um bramido de fúria generalizado. Choveram paródias e coisas do gênero! O meu único crime foi ter ousado, em nossa poesia, uma transgressão semelhante àquela por meio da qual, como instruem os fatos, eu já havia lançado por água abaixo tudo de caduco no nosso drama. Renovação da técnica, desprezo de todos os meios antigos nesse campo! Pois então: Tim-tim, saúde! De qualquer forma: tenho tempo e posso esperar. [...] *Qui vivra, verra!*" (*Briefe*, p. 94-95.)

16 A. Holz, *Revolution der Lyrik*, p. 52.

17 Ibidem, p. 44.

18 Ibidem, p. 24.

19 Ibidem, p. 23.

segundo Holz, o uso do metro, da rima, da estrofe, do paralelismo, da aliteração e da assonância como sistema apriorístico (e não como acessório secundário, a ser eventualmente incorporado por exigência do próprio poema)[20]. Eliminada a obrigatoriedade desse sistema formal, restaria apenas o que não se pode abolir ou evitar: o ritmo intrínseco à linguagem verbal[21]. Esse raciocínio leva a uma nova definição da poesia como "uma lírica que passe a rejeitar toda música via palavras como uma finalidade em si mesma e que, no plano meramente formal, seja conduzida por um ritmo vivificado apenas por aquilo que esteja agonizando por expressão"[22].

Na teoria e na prática poéticas de Holz, a ênfase no ritmo, em oposição à métrica ("Ritmo não é metro e metro não é ritmo"[23]), indica uma mudança de paradigma, a saber, a passagem da busca da regularidade e/ou simetria para a busca da diferenciação e/ou assimetria. No lugar da divisão do verso em pés segundo o modelo greco-romano, baseado na escansão de sílabas longas e breves, Holz propõe uma análise mais detalhada dos acentos no verso, capaz de registrar nuances e tonalidades mais sutis na modulação poético--prosódica[24]. Sendo assim, a unidade rítmica definitiva do poema deixaria de ser o verso em pés e passaria a ser linha, uma unidade "inigualavelmente mais diferenciada". Enquanto os modelos de organização métrica geralmente levam o leitor a desenvolver uma expectativa em relação ao momento onde recairá o acento e/ou a ênfase, ou seja, o momento da repetição, o modelo rítmico holziano, sem metro e sem rima, no qual o poema se divide em linhas ordenadas ao longo de um eixo central de diagramação, acaba mantendo em suspenso a atenção do leitor, por meio da imprevisibilidade e do contínuo adiamento do momento de

20 Ibidem, p. 32.
21 Ibidem, p. 41.
22 Ibidem, p. 24.
23 Idem, *Briefe*, p. 229.
24 Ao analisar a complexidade rítmica de um poema de sua autoria, Holz afirma o seguinte: "Estraçalhá[-lo] em breve-longa, breve-longa, conforme a tradição, teria sido uma completa barbárie. O seu esquema sonoro não é ‒ ‒ ‒ ‒ ‒ ‒ ‒ ‒ ‒ etc., mas sim $21131 - 3131 \parallel 13 - 211313 - 13 - 131$. A minha forma de escrever, absolutamente longe de ser arbitrária, apenas traduz. É evidente que [...] se pode representar cada tonalidade de forma ainda mais diferenciada." (*Revolution der Lyrik*, p. 51.)

finalização prosódica e sintática. Essa ênfase na diferenciação e na diversificação também marca a defesa do verso livre pelos poetas expressionistas[25].

Da mesma forma se justifica o repúdio ao "realejo oculto"[26] por trás da regularidade rímica e estrófica. Sobretudo em alemão, uma língua pobre em correspondências vocálicas, explica Holz, a rima reduziria demasiadamente o repertório lexical à disposição do poeta, obrigando-o a associar palavras em pares demasiadamente estereotipados: "O primeiro que – há séculos! – rimou *Sonne* com *Wonne, Herz* com *Schmerz, Brust* com *Lust* era um gênio; o milésimo a fazê-lo [...] não passa de um cretino"[27]. De acordo com a avaliação de Holz, a obrigatoriedade da rima tornaria inutilizáveis na poesia setenta e cinco por cento dos vocábulos alemães[28]. Em *Phantasus*, pelo contrário, a valorização da diversidade lexical atinge um grau sem precedentes, não só por seu ímpeto neologístico, mas também por causa da eliminação de requisitos rímicos[29]. Enquanto o *Phantasus* 1898-1899 elimina programaticamente a rima como recurso, as edições a partir de 1916 voltam a recuperá-la, entretanto com o objetivo de tornar mais complexa e diferenciada a malha sonora e rítmica, como um artifício de dinamização textual. Aqui, novamente, o que se combate não é o recurso em si, mas sim o seu uso "estável e estacionário", ou seja, "fóssil", em detrimento do emprego funcional e ágil. É isso que ele considera a rima necessária, utilizada como meio de expressão, intensificação e conexão[30].

25   Herwarth Walden critica a métrica nos seguintes termos: "Que vivência é essa que não altera a respiração? Que paixão é essa, na qual o peito se eleva e se rebaixa regularmente, como durante o sono? É isso que é engendrar a forma? [...] Cavalos mortos esticam as pernas jambicamente ao amanhecer? [...] Anjos e cavalos mortos são vivenciados no mesmo ritmo. Haveria uma prova mais forte da ausência de uma vivência?" (H. Walden, Bab, der Lyriksucher, *Der Sturm: Wochenschrift für Kultur und die Künste*, n. 123-124, p. 126. Disponível em: <https://www.uni-due.de/lyriktheorie/scans2/1912_walden1.pdf>.)

26   A. Holz, *Revolution der Lyrik*, p. 45.

27   Ibidem, p. 26.

28   Ibidem, p. 27.

29   Idem, Idee und Gestaltung des *Phantasus, Die befreite deutsche Wortkunst*, p. 48.

30   Ibidem, p. 43-44. Arno Holz relega a rima ao âmbito da literatura trivial, afirmando que "para livros tipo João Felpudo e para cantigas de casamento ainda se pode, conforme a necessidade, permitir a entrada da rima pela porta de trás". (Idem, *Revolution der Lyrik*, p. 27.) No entanto, ele considera a rima parte fundamental da sátira, conforme demonstram as passagens rimadas de *Die Blechschmiede*. Nesse sentido também se pode entender o apreço de Holz pela poesia de Christian Morgenstern, que ele homenageia na paródia "Impromptu: Nach einer Christian Morgenstern-Lektüre", enviada em carta a Adolf B. Ballmüller, em 1920. (Idem, *Briefe*, p. 252.)

Eliminado o uso sistemático de todas essas convenções, haveria a chance de se veicular o ritmo "natural"[31], "imediato"[32], "necessário"[33] e "imanente"[34] a toda manifestação verbal e a todas as coisas. Se, pelo uso da métrica, "o ritmo determinava até então o conteúdo, agora – pelo contrário – é o conteúdo que determina o ritmo"[35]. Se, até então, a métrica gerava uma "arbitrariedade formal primitiva, que não coincidia nunca com as coisas, ou no máximo só de vez em quando, *a posteriori* e por acaso", a eliminação das convenções versificatórias possibilitaria "uma permanente necessidade formal, a renascer continuamente das coisas"[36]. Esse novo ritmo cresceria e sempre se renovaria dependendo do "conteúdo", "como se antes dele nada jamais tivesse sido escrito"[37]. Essas definições deixam bastante claras a ligação entre o ritmo e o ato de verbalização, bem como o deslocamento da ênfase para a dinâmica e a processualidade da escrita. A poética de Arno Holz é marcada, segundo sintetiza Helmut Heissenbüttel, pela busca do "irrompimento em uma ordem mais abrangente, em uma nova rítmica, que – em relações assimétricas – coloca a massa linguística, a massa verbal em movimento e em fluxo oniabrangente"[38].

A concepção holziana de escrita como ação, movimento, dinâmica processual não se restringe ao texto, à criação individual, mas se estende para a sua visão da tradição literária. Em resposta a uma crítica de Rudolf Steiner contra o seu escrito *Die Revolution der Lyrik*, publicada em 1900, Arno Holz explicita a ideia de uma "poesia lírica em devir, cuja semente mal saiu da terra"[39]. Essa ideia retorna na convicção da impermanência dos gêneros literários. Em carta de maio de 1916 ao crítico de arte e de literatura Carl Meissner, Holz escreve: ""Nenhuma forma é eterna. Tudo o que é se tornará diferente! Será que só as formas artísticas não

31 Idem, *Revolution der Lyrik*, p. 28.
32 Ibidem.
33 Ibidem, p 44, 50.
34 Ibidem, p. 32.
35 Idem, *Das Werk von Arno Holz, v. 10: Die neue Wortkunst*, p. 598.
36 Idem, Idee und Gestaltung des *Phantasus, Die befreite deutsche Wortkunst*, p. 28.
37 Idem, *Revolution der Lyrik*, p. 45.
38 Wortkunst: Arno Holz und August Stramm – Ein ideeler Vergleich, em L. Jordan (Hrsg.), *August Stramm: Beiträge zu Leben, Werk und Wirkung*, p. 47.
39 A. Holz, *Das Werk von Arno Holz, v. 10: Die neue Wortkunst*, p. 595.

estariam submetidas a essa lei […]? Absurdo!!!"[40] Em *Die neue Wortkunst* (1925), um texto que compila e recapitula todos os seus escritos teóricos até então, Arno Holz redimensiona o alcance da fórmula Arte = Natureza – x, concebida 24 anos antes, em *Die Kunst, ihr Wesen und ihre Gesetze*, e então parafraseada como "a arte tem a tendência de ser a natureza; ela se torna tal em conformidade com seus meios e com a forma de manejá-los". Refletindo *a posteriori*, Holz conclui que a singularidade dessa ideia reside no fato de ela – ao contrário de todas as máximas do gênero até então – definir a arte não como algo absoluto, mas como algo relativo, veiculando uma visão de mundo bem distinta das anteriores:

> [O axioma] diz: para nós, seres humanos, não existe uma arte em si, assim como para nós, seres humanos, não existe uma natureza em si. Há tantas concepções de arte quanto concepções de natureza. É impossível haver duas coincidentes. A mesma obra de arte vista por duas pessoas não é mais a mesma. Aliás, nem é mais a mesma se vista por uma única pessoa em dois momentos diferentes! Daí ser inevitável a enorme divergência entre nossos julgamentos. Além disso, ele é algo que nenhum havia sido até então: um teorema de expansão (*Entwicklungssatz*). Ele não diz que há tantas e tais artes: a música, a pintura, a literatura, a escultura, a "bela arte da vestimenta" e até mesmo outras e outras, enfim, mas: há tantas artes quanto existem meios. Os meios, contudo, nem são limitados na quantidade, nem são "eternos". Seus efeitos se esgotam, sendo que novos meios, ou novas associações de meios antigos, tomam o seu lugar.[41]

Com essa explicação, Holz postula uma abrangente indeterminação ou instabilidade intrínseca à definição de arte. A impossibilidade de se afirmar algo absoluto sobre uma obra de arte, ou seja, a necessária diversidade de concepções se deveria à subjetividade e à historicidade da recepção. Ao afirmar que há tantos tipos de arte quanto existem meios, Holz encontra uma justificativa para o surgimento de novas artes, como a fotografia e o cinema, ligadas a recentes desenvolvimentos tecnológicos e para a consequente ampliação do repertório do cânon milenar das "belas" artes. Além disso, essa conceituação também dá conta do rompimento do

---

40 Idem, *Briefe*, p. 219-220.
41 Idem, *Das Werk von Arno Holz, v. 10: Die neue Wortkunst*, p. 187-188.

limite rígido entre os âmbitos plástico, literário e musical, que se difundia nas manifestações de vanguarda desde o início do século xx.

Fundamental para o detalhamento da procedência estética da teoria moderna de Arno Holz é a caracterização de seu axioma Arte = Natureza – x como um teorema de expansão (*Entwicklungssatz*). A incógnita x, correspondente aos meios da arte e à forma de manejá-los, pode ser preenchida pelos mais diversos valores, pois não há uma quantidade ilimitada de meios e sua durabilidade também não é infinita. A ideia de que estratégias estéticas têm uma durabilidade, sendo necessariamente substituídas por novos recursos ou combinação de técnicas anteriores, implica um movimento progressivo da arte:

> No entanto, meu axioma não apenas possibilita, pela primeira vez, uma firme estática das artes, mas com esta fundamenta, ao mesmo tempo, a sua dinâmica. Mostra como o desenvolvimento de cada arte depende primeiramente do desenvolvimento do seu meio, e também mostra, a saber, como esse desenvolvimento busca incessantemente um único objetivo, ou seja, aquele desvelado pelo próprio [meio]. [...] Uma renovação da nossa literatura, pressupondo-se evidentemente todas as demais condições, só pode ocorrer a partir de uma renovação do sangue de sua linguagem. Sem isso, mesmo que tocássemos as trombetas como anjos no céu e tivéssemos reunido em nós todos os "talentos", essa renovação não passaria de utopia.[42]

À ideia de que a arte está em contínuo movimento progressivo, em permanente busca de autossuperação, se une a constatação da inatingibilidade daquele objetivo que norteia o desenvolvimento das artes e de seus meios. A afirmação de que a arte tem a tendência de se tornar novamente a natureza e de que isso ocorre em razão dos meios e da maneira de lidar com eles pressupõe um incessante movimento de aproximação que nunca se consumará totalmente – "pois o respectivo material de reprodução que nós, seres humanos, temos à nossa disposição sempre foi insuficiente, sempre é insuficiente e sempre será insuficiente"[43]. A busca

42 Ibidem, p. 190.
43 Ibidem, p. 199.

que se tornaria utópica se não tocasse no sangue da arte – ou seja, seus meios, sua linguagem, seu material e a forma de trabalhá-los – está, no fundo, fadada a se manter utópica, mesmo com a renovação da linguagem da respectiva arte. Afinal, a arte se definiria por esse permanente movimento de aproximação de algo inatingível[44]. A concepção de texto e de tradição literária aqui esboçadas apontam para uma importante filiação da concepção estética de Arno Holz à matriz primeiro-romântica de reflexão sobre a modernidade[45].

---

[44] É nesse ponto que se pode traçar uma importante linha de continuidade – interrupta, contudo – entre o primeiro romantismo alemão ou romantismo de Jena, com sua associação entre modernidade e provisoriedade, e a reflexão holziana sobre a permanente dinâmica estética que culminaria em seu teorema de expansão. Em *Über das Studium der griechischen Poesie* (Sobre o Estudo da Poesia Grega,1795-1797), Friedrich Schlegel (1772-1829) esboçara, pela primeira vez em sua reflexão filosófico-literária, o movimento de um "infinito aperfeiçoamento da aptidão estética" (F. Schlegel, *Kritische Schriften und Fragmente I: 1794-1797*, Hrsg. Ernst Behler; Hans Eichner, *Kritische Friedrich-Schlegel-Ausgabe*, v. 1, p. 66), que culminaria com a definição da literatura romântica como uma "poesia universal progressiva", no conhecido Fragmento 116, publicado na revista *Athenäum* (1798). Ao contrário de Schlegel, que projetou para o futuro o clímax desse movimento de contínuo aperfeiçoamento, atribuindo ao "moderno" o atributo do "interessante" como um estágio transitório, Arno Holz considera o aproveitamento máximo dos meios da arte, ou seja, o auge do aperfeiçoamento da linguagem, um estado irrealizável. No entanto, ambos descobrem no estado da transitoriedade e da busca processual a especificidade de uma literatura libertada das normas convencionais.

[45] No contexto de sua teorização sobre o posicionamento de Friedrich Schiller e Friedrich Schlegel em relação à Querelle des Anciens e des Modernes, com sua respectiva valorização do "interessante" como traço moderno, Hans Robert Jauss reporta o início da modernidade ao final do século XVIII – uma visão compartilhada por Silvio Vietta. (R. Grimminger, Aufstand der Dinge und der Schreibweisen: Über Literatur und Kultur der Moderne, em R. Grimminger et al., *Literarische Moderne: Europäische Literatur im 19. und 20. Jahrhundert*, p. 24s.; ver também H. Koopmann, *Deutsche Literaturtheorien zwischen 1880 und 1920: Eine Einführung*, p. 1.)

[...em arabescos bizarros, fantásticos e desatinados...]

[...]

Ich öffne ein Päckchen Blaubienenkorb
und stopfe die lange Pfeife.

Es regnet so schön!

In den Schlafrock gewickelt,
paff... paff... paff,
der wirbelnd bläuliche Rauch, um die Lampe sich windend, steigt sofort fast bis an die Decke,
recht so, recht so, hoihoh, hoihoh,
ich wittre östlichst balsamischste Morgenluft, mein Flügelroß wiehert,
zwischen dem seltsam abenteuerlich verschnörkelten Rankengewirr
meiner betäubend urväterlich krausen,
wunderlichen,
leider bereits etwas recht bedenklich schadhaft gewordnen Tapete entlang,
unter verhuzzelten Blättergebilden,
die je nach Wunsch, Bedarf und Laune die allerdenkbar verschmitzt, vertrackt, verzwirbelt zipfelsinnigsten
[Formen, Figuren und Gestalten annehmen,
auf bizarren Arabesken,
die, phantastisch und übergeschnappt, unwillkürlich weiterlocken,
um bunte, groteske Blumenungeheuer,
die wie große, verwunschne, fabelhaft vorsintflutlich kartographierte Inseln aussehen,

jedes Buckelchen, jedes Risschen, jedes Untiefchen in ihr
schlaust umsichtigst benutzt,
aus jedem Kerbchen und Windungchen Kapital geschlagen, jede Biegung und Auszackung ingeniös verwandt,
bequem im Lehnstuhl,
paff … paff… paff,
fährt sichs jetzt prächtig nach alten Ländern!

Durch das Kattegat… paff… durch den Ärmelkanal,
über den hüpfenden Busen von Biskaya hinweg,
an einem langen, schmutziggrau schlangendünnen, sich bräunlichgrün rändernden Wasserstrich, paff,
die prompt, präzis und exakt
siebenhundertundfünfzig Kilometer messende Küste von Portugal hinab,
paff, paff, paff, paff,
unter den spähend drohend heimlichst hämischst versteckt lauernden Hinterladern von Gibraltar vorbei
in das köstlich azurne Mittelmeer!

MARE INTERNUM SIVE MEDITERRANEUM!

„Havel! Havel!"

[…]

[...]

Abro o tabaco Bienenkorb, do azul,
e encho o meu longo cachimbo.

Chuva boa esta!

Enrolado no roupão,
paff… paff… paff,
a fumaça em curvas azuis enleando o lustre e escalando direto ao teto ou quase
– aí, é isso aí, hoihoh, hoihoh –,
eu farejo no extremo leste a mais balsâmica brisa da manhã; meu cavalo alado relincha;
entre o labirinto de ravinhas do inaudito, insólito ornato
desta minha tapeçaria, com seu frisado entorpecente e ancestre,
esquisita tapeçaria esta,
já com falhas de dar o que pensar,
sob configurações de folhas encarquilhadas,
que – conforme se pretenda, se precise ou se preste – assumem as mais intrincadas formas, figuras e feições
[em delírio ladino, sibilino,
em arabescos bizarros,
fantásticos e desatinados, cativando como quem não quer nada,
em torno de multicolores, grotescos monstros-flores,
similares a grandes ilhas mal-assombradas, cartografadas como fábulas pré-diluvianas,

toda pequena saliência, toda diminuta fissura, todo mínimo desnível
assimilado com a mais arguta astúcia,
bem capitalizada cada minúscula cesura ou voluta, sinuosidades e ziguezagues engrenados com todo engenho,
e no conforto na poltrona,
paff… paff… paff,
viaja-se agora para ingentes terras de antes!

Através do Kattegat… paff… pelo Canal da Mancha,
para além do balanço do busto de Biskaya,
por extensa e serpentestreita faixa d'água turvicinza, ocriverde nas bordas, paff,
descendo os setecentos e cinquenta quilômetros
imediata, meticulosa e minuciosamente mensurados do litoral de Portugal,
paff, paff, paff, paff,
sob a mais imperceptível espia, sob a coerção mais recôndita, sob a mais secreta espreita dos rifles de Gibraltar,
adentrando o Mediterrâneo e seu aliciante azul-celeste!

MARE INTERNUM SIVE MEDITERRANEUM!

"Havel! Havel!"

[…]

[...em torno de um arabesco que se arqueia...]

[...]

Aus silbrigstem Osten,
mittagsdunstig,
immer näher und näher,
– der Wind im Rauchfang, plötzlich wie rasend geworden, rumort,
das kleine, eiserne Öfchen, mollig, glüht,
die Dachziegel klappern –
mit Schlüften und Schlünden, mit Zinken und Zinnen, mit Schroffen und Zacken,
hochaufragend,
klippenumgürtet, wellenumbrandet,
glitzernd kreisrund in meinem Kuckulorum,
ein farbig märchenbunter Inselfels!

Ah, cara mia! Jsola bellissima! Salve, salve!

Bist du es? Bist du's? Ja, du bist's!

Eine seit drei Jahrtausenden in meinem Gehirn
schmählichst mit schnödem, freventlich meterdickem Rost, ödester, blödester Undankbarkeit und
[Vergessenheit übersinterte Klappe
dreht sich mir, knarrend, wieder auf!

Traumschönes Ogygia!

Einsames, schimmerndes, uraltes Rosen-, Myrten- und Cypresseneiland!

Heute Malta!

An einem fernen, flimmernden, weltfrühen Südmeermorgen,
die Wogen um deine blauen Alabastergrotten gischteten und spritzten,
meine letzte, schwarze Bootsplanke hinter mir schaukelte noch, das blanke Salzwasser aus meinem langen
[Bart tropfte,
erklomm ich deinen Strand.

„Ανδρα μοι ενεππε". . . Süße Kalypso!

Große, bunte, nie gehörte Wundervögel, aus großen, bunten, purpurbögig über uns hängenden Blütenschleierbüschen,
sangen,
ein Grund aus schwellendstem Goldgrün,
übertanzt von tausend wie trunken um uns taumelnden Lichtern,
war unser Brautbett!

„Long, long ago!"

Das Feuer,
das göttliche, der wilde, brausende Glutstrom, der damals durch meine Adern rann,
lodert und brennt noch,

erst heute, grade ausgerechnet nach „dieser" Richtung, habe ich wieder einen ganz besonderen „Tipp"
[erhalten,
und ich gedenke jetzt keineswegs, nicht um die Welt und . . .

Oh!

Halt!… Pardon!

Ich zünde mir nochmals
meine mir leider, bedauerlicher Weise,
grade ausgerechnet in diesem bedeutsamen Moment,
durch diese stimulierend enkouragierend elektrisierend verlockend aufmunterndste Perspektive
vor lauter Eile, Emsigkeit, Eifer, Erwartung, Ungeduld, Temperament und Entzücken heimtückischst
[hinterhältigst ausgegangene Pfeife an!

Knaster, du gelber,
einst von Apolda präpariert, bin ich's noch selber, der dies hier kliert?

Leichte, heitre, wohlige,
vielversprechende,
sich aromatisch durcheinander webende Wölkchen!

Weiter! Weiter! Weiter! Weiter!

Die Schraube wirbelt,
das große, grauweiß leise beweglich flatternd lichtdurchlässig straff gespannte Sonnensegel, knatternd,
bläht sich,

die sich tummelnden, spielenden, springend pfeilschnell schießenden, sich schillernd überschlagenden,
schnappenden Delphine
verfolgen, bedrängen, hetzen, pirschen,
jagen
die blitzenden, fliehenden fliegenden Fische!

Avanti! Avanti!

In Jaffa,
verständigt durch ein Marconitelegramm,
unter seinem grauen, tiefgewölbten, kühlquadrigen Steintor,
Orangen und Ölzweige in den kaffeebraunen Händen,
sich dreimal verneigend, schon von weitem,
in blendendem Burnus,
empfängt mich mein rechtgläubiger Freund und Blutsbruder, der Scheich Abdulla den Hassan.

Da wir uns seit der Schlacht bei den Pyramiden,
wo wir uns mit unsern gekrümmten, federnden Kandschars gegenseitig aus zwei Franzosenhaufen flederten,
nicht mehr gesehn haben,
ist die Freude natürlich groß.

Er bewirtet mich mit einem Fass Ziegenmilch,
einem Sack Datteln
und einer schneeweißen Zircassierin!

Nachdem ich allem gebührend zugesprochen, neun heilige Tage und –
neun Nächte,

hinterlasse ich ihm als Gastgeschenk
das für ihn eigens in einem einzigen Exemplar
auf alttibetanischem Toktubajanpapier abgezogne Hirzel'sche „Verzeichnis einer Goethebibliothek“,
herausgegeben, erläutert und fortgesetzt, sowie mit textkritischen Anmerkungen versehn von Professor
[Doktor B. Suphan,
fünf anderthalb Kilokartons Biocitin,
oder wie verlängere, respektive stärke, festige und vermehre ich meine beste Lebenskraft,
und als Pièce de résistance,
das heißt, dieses letzte Cadeau, als zarte, wohlgemeinte Aufmerksamkeit, wohl schon eigentlich mehr so für
[die Circassierin,
eine alte, schauderhafte, missglückte Zinkotypie von mir
aus dem Kürschner'schen Deutschen Literaturkalender für das Jahr Neunzehnhundert!

Sela!

Auf seinem schwärzesten Rapphengst,
silbrig gezäumt,
zwischen dessen gespitzten, zuckelnden Steilohren,
rosenrot,
ein sich krausender, kippender, übermütigst wippender, hin und her schwippender, zitternder
[Flamingofederbusch flammt,
um ein auffälligst stolz geschweiftes Geschnörkel
meiner alten, zopfig verschrullten, exotisch verschrobnen, spinnwebumwobnen, verstaubt kümmerlichen
[Dachbudenüberwandung,
aus dem schon längst,
die immensen, großen, weiten, tosend staubsturmdurchtobten, drohend kommenden Salzsteppen andeutend,
hie und da mörtelgrau nacktes, kompaktes, kristallinisch flimmerndes Mauerwerk glänzt,

102

103

nordnordostwärts,
ventre à terre, a rivederci,
während die gefransten, blitzenden Quasten
meiner geschweiften, mit einer breiten, flinkernden Mäanderornamentierung elegant geränderten
[Tigerschabracke
fast den Boden schleifen,
entziehe ich mich seinen Segenswünschen.

Hüh!!

Die Steine fliegen, die Büsche stieben, die Mauern flirren!

Biblische Palmen,
der Libanon,
gelbe, chaldäische Sonnenstraßen,
Euphratschilf,
die Türme von Bagdad,
Ispahan,
die schroffe, zyclopische, geierüberkreischte Felszitadelle Herat,
das himmelhohe Dach der Welt:
ein über meinem schiechen, prähistorisch siechen, moiriert birnbaumern kattunbespannten Sofagestell
sich unheimlich unregelmäßig mordsmäßig abzeichnender Riesenplacken,
vor dem ich mich nun schon, im Stillen, die ganze Zeit über
gegrault habe!

[...]

[...]

No mais argênteo leste,
sob um zênite só névoa,
perto e mais perto,
– o vento na chaminé, em repente furioso, rumoreja,
o pequeno forno de ferro chameja morno,
telhas trepidam –
com fendas e frinchas, com cimos e ameias, com pontas e picos,
proeminente,
entre periprecipícios, entre tempestuondas,
cincuncintilante em minha Kuckulot:
um penhasco se insula utopicolor!

Ah, *cara mia*! *Isola bellissima*! Salve, salve!

É você? Você mesmo? Sim, é você!

Há mais de três milênios obstruída em meu cérebro,
vilmente vedada por uma reles e abjeta ferrugem, por metros-e-metros do que há de mais ingrato e tosco,
[de mais desmemoriado e tolo,
esta válvula range, gira e se abre!

Lindonírica Ogígia!

Solitária, luzidia, primitiva ínsula de rosas, mirtos e ciprestes!

Hoje Malta!

Foi numa distante, dardejante, munditemporã manhã de mar meridional
– as vagas se estilhaçavam alvas sobre tuas grutas de alabastro azul,
a última tábua do barco, enegrecida, a boiar e balançar às minhas costas, a água branca de sal a marejar da
[minha longa barba –,
que escalei tua praia.

„Ανδρα μοι ενεππε". . . Doce Calipso!

De dentro do imenso matagal matizado de sálvias pensas e violetarqueadas se ouviam exímios, coloridos,
[inauditos pássaros-prodígio,
seu canto;
o solo, distendendo-se auriverde,
tingido de cima por mil luzes numa alucinante dança,
era nosso leito nupcial!

"*Long, long ago!*"

O fogo,
aquela brasa bárbara a fervilhar divina em minhas veias
ainda inflama e flameja,

e justo hoje, justo "nesse" sentido, recebi mais uma daquelas "dicas" bem específicas,
mas agora não me recordo de jeito algum, por nada deste mundo e . . .

Oh!

Desculpe!... Um momento!

Vou ter que acender de novo
– mas que lástima, que lamentável
justo neste instante tão significativo,
sob estímulo ou impulso de uma perspectiva tão atraente, aliciante, eletrizante,
por pura pressa e impaciência, afã e afobamento, encanto e expectativa, insídia e perfídia, não é que foi
[me apagar – o cachimbo!

Você aí, meu tabaco Knaster, e do amarelo ainda,
antes fabricado em Apolda, será que sou eu mesmo a escrevinhar isto aqui?

Leves, alegres, ternas,
tão promissoras
estas nuvens se entremeando assim em aromas!

Adiante! Adiante! Adiante! Adiante!

O eixo gira,
a grande vela solar, de um alvicinza transluzente – ora a mover-se tesa, discreta, de repente a crepitar e a trepidar –
infla-se;

aventurando-se em volutas, precipitando-se rápidos, algo de dardos aos saltos, sobrepondo-se iridescentes,
golfinhos onívoros
a acossar e assediar, espreitar e espavorir,
a perseguir
os peixes que logo voam em desvio como coriscos!

Avanti! *Avanti*!

Em Java,
colocado de sobreaviso por um telegrama Marconi,
a postos sob seu portal de pedra cinza, fria cantaria e arcadas de sulcos fundos,
laranjas e ramos de oliva em punho, em suas mãos marrom-café,
a fazer três reverências, ainda à distância,
em albornoz abrasado,
o meu irmão de sangue e amigo, o devoto xeique Abdulla den Hassan, me recepciona.
Desde a batalha das pirâmides,
onde nos lançávamos uns contra os outros, em *fronts* franceses adversários, vibrando cânjares curvos,
não havíamos mais nos visto;
por isso é grande a alegria, é claro.

Ele me oferece um barril de leite de cabra,
um saco de tâmaras
e uma circassiana branca-neve!

Depois de tudo eu ter acatado, como convém, durante nove santos dias e –
nove noites,

deixo ao xeique, como presente de hóspede:
um livro só para ele,
impresso em antigo papel toktubayan, do Tibete, um exemplar único do Índice de uma Biblioteca *Goetheana*,
elucidado, ampliado e aparatado com notas crítico-textuais pelo professor Doutor B. Suphan;
cinco caixas e meia de biocitina, um quilo cada
– afinal, de que outro modo prolongar e fortalecer, respectivamente, consolidar e proliferar a minha melhor
[energia de vida –;
e como *pièce de résistance*,
isto é, este último *cadeau*, um presente terno e de bom intento, na verdade mais para a circassiana:
uma antiga zincotipia minha, mal tirada e malograda,
extraída do Calendário Alemão de Literatura de Kürschner para o ano mil-e-novecentos!

Selá!

Montado em um garanhão, de todos o mais negro,
adornado à cabeça com ornato de prata,
com orelhas trêmulas e aguçadas, entre as quais,
rosa em cor,
se abrasa um penacho encrespado, vacilando altivoscilante, um tremente feixe de penas de flamingo
[movendo-se em pêndulo,
em torno de um arabesco que se arqueia, em brio vivo,
na velha tapeçaria que reveste a parede da minha mansarda, esta trama estranha, exótica e algo insólita, já
[pálida sob poeira e enleada em teias de aranha,
através da qual há tempos já
transparece aqui e lá algo da compacta e claricristalina alvenaria, essa argamassa cinza
a insinuar imensas, prolixas, vastíssimas estepes salinas convulsionando grânulos em intimidante tempestade,

rumo a norte-nordeste,
ventre à terre, a rivederci,
enquanto os fios e franjas faiscantes
da larga pele de tigre sob a sela, sua cauda e suas bordas coriscando meandros em elegantes ornamentos
e quase arrastando ao solo,
afasto-me, por fim, de seus acenos e bênçãos.

Uau!!

Muros reverberam, arbustos respingam, pedregulhos se precipitam!

Palmeiras bíblicas
do Líbano,
sendas amarelas sob o sol da Caldeia,
juncos do Eufrates,
torres de Bagdá,
Ispaã,
a escarpada, ciclópica, pétrea cidadela de Herat, abutrecrocitante,
o alticeleste teto do mundo:
sobre o meu sofá de pereira revestido de sarja *moiré*, em estado deplorável e decrépito como se pré-histórico,
delineia-se a facínora, sinistra, amorfa e enorme nódoa
que o tempo todo me
assombrava!

[...]

Livro-Múndi:
A Utopia do "Poema-non-plus-ultra"

A transformação de uma coletânea de poemas interligados em um poema-livro cíclico em permanente expansão é marcada por uma mudança nítida da motivação estética de Arno Holz. Na segunda década do século XX, cresce a pretensão de Holz em relação ao projeto Phantasus; seu plano agora é "a configuração e a formação de uma imagem-múndi" (*Weltbild*)[1]. Tendo em mente o que a épica homérica representa para a Antiguidade pagã e o que a *Divina Comédia* representa para a Idade Média cristã, Arno Holz se propõe a criar um "poema-múndi" (*Weltgedicht*) para o que ele denomina a "era das ciências naturais"[2].

A estrutura básica de *Phantasus* é delineada pelo que Holz descreveu como "autobiografia de uma alma", desde "sete trilhões de anos" antes do nascimento do indivíduo, conforme situa o início do poema, até o retorno ao pó, no final. O movimento transformacional de *Phantasus*, a partir da edição de 1916, perpassa

---

1   A. Holz, Idee und Gestaltung des *Phantasus, Die befreite deutsche Wortkunst*, p. 28.

2   Ibidem, p. 28. A ideia holziana de um *Weltgedicht* encontra correspondência em diversos projetos científicos e econômicos empreendidos na Alemanha em torno de 1900. Sobretudo a meta de se encontrar uma forma que dê conta do todo, sem deixar de fora nenhum resquício, ou seja, a pretensão de se atingir uma *Restlosigkeit* (a condição daquilo que não deixa restos, que é total), liga o projeto Phantasus a esse horizonte cultural alemão da virada de século XIX para o XX. Sobre os conceitos de "Welt-" como prefixo e de "Restlosigkeit" como definidores do discurso científico-cultural em torno de 1900 na Alemanha, ver M. Krajewski, *Restlosigkeit: Weltprojekte um 1900*.

os níveis ontogenético e biográfico, bem como filogenético e histórico; em longas seções se descrevem, por exemplo, o ciclo da vida humana, com suas etapas do desenvolvimento, e o ciclo da natureza, no decorrer das estações do ano. A paralelização de uma trajetória individual com a evolução da espécie, por exemplo, é um dos fios condutores da obra. A dinâmica deste poema-múndi é a de uma apreensão não lacunar, de abrangência total; a ideia é que ele abarque "todo tormento, toda angústia, toda carência, todo lamento, todo pesar, todas as volúpias, todos os encantos, todos os júbilos, todas as satisfações, todas as bem-aventurança, todos os êxtases, todos os enlevos". "Não apenas os próprios, mas os de toda a humanidade! Em todas as formas, em todas as 'roupagens', por todas as zonas, de todos os tempos!"[3]

A especificidade do projeto[4] *Phantasus*, no entanto, é a proposta de um texto oni-inclusivo no contexto de uma poética lírica, e não épica[5].

> Querer distender, hoje, uma "imagem-múndi" no limite de qualquer "fábula" ou "enredo" teria me parecido um atrevimento infantil! O que hoje "faz parte" de uma imagem-múndi está disperso demais em seus componentes avulsos, fervilhante e demasiadamente caleidoscópico em seus elementos para que a mais complicada e refinada das "lendas" tenha sequer condições de criar o fundamento necessário para tal "conteúdo".[6]

---

3   A. Holz, Idee und Gestaltung des *Phantasus, Die befreite deutsche Wortkunst*, p. 31.

4   Utiliza-se aqui o conceito de "projeto" na acepção primeiro-romântica expressa por Friedrich Schlegel, ligada à noção de progressividade da literatura: ("O senso para projetos, que poderiam ser denominados 'fragmentos do futuro', só se diferencia do senso para fragmentos do passado por causa da direção, que naquele é progressiva, enquanto neste é regressiva. O essencial é a capacidade concomitante de idealizar e realizar objetos de modo imediato [...]"; Fragmento *Athenäum*-22, F. Schlegel, *Kritische Schriften und Fragmente I: 1794-1797*, Hrsg. Ernst Behler e Hans Eichner, *Kritische Friedrich-Schlegel-Ausgabe*, v. 1, p. 168-169).

5   A ausência de enredo é um dos parâmetros utilizados por Robert Oeste na paralelização de *Phantasus* com o gênero do poema longo. Segundo Oeste, o poema longo pode parecer menos coeso que a epopeia por prescindir de um enredo; métodos associativos de composição tomam o lugar da moldura narrativa. Ele também observa que o poema longo tende a se estender em dois movimentos: alguns, sem enredo, consistem de uma colagem de fragmentos cujos interstícios conectivos são deliberadamente omitidos (*The Waste Land* [A Terra Devastada], de T.S. Eliot; *Cantos*, de Ezra Pound); em outros, o enredo é obscurecido pelo acúmulo de detalhes (*Paradise Lost Perdido* [Paraíso Perdido], de Milton; *Adone* [Adônis], de Giambattista Marino) (*Arno Holz: The Long Poem and the Tradition of Poetic Experiment*, p. 51). Em *Phantasus*, Holz lança mão dessas duas técnicas.

6   A. Holz, Idee und Gestaltung des *Phantasus, Die befreite deutsche Wortkunst*, p. 28-29.

A imagem-múndi a ser captada na obra é descrita como fugaz, em sua aparição caleidoscópica e atomizada; uma representação que faça jus a esse movimento não poderia simular a continuidade narrativa da épica, sendo antes a lírica, com seu potencial de descontinuidade, o veículo mais adequado para tal. O esboço lírico de narrativas históricas é denominado "afresco histórico": um fragmento no qual se "pincelam" cenas em poucas frases, "com máxima minúcia"[7]. O encadeamento de momentos da evolução paleontológica ou humana acaba compondo um "*tableau* da história natural"[8]. A composição da imagem-múndi se faz por agregação e conversão discursiva. A incorporação de diferentes discursos, seja por citação ou por transformação paródica, é um dos procedimentos de apropriação da diversidade do mundo no livro. Antes da publicação do *Phantasus* 1898-1899, Holz já tinha em mente uma obra – em prosa, entretanto – que viesse a associar diversos gêneros textuais. Em carta de agosto de 1897 ao editor da revista *Jugend*, Georg Hirth, ele menciona o projeto "Apollonius Golgatha: Der Mensch und sein Werk" (Apollonius Golgata: O Homem e Sua Obra), uma espécie de compilação ficcional de "produções" da personagem "em diversos campos" que misturasse "romance, diário, crítica, memória, biografia e autobiografia"[9]. Essa obra não chegou a ser escrita, mas muitas das ideias desse projeto foram incorporadas a *Phantasus* ou a *Die Blechschmiede*.

A ideia de assimilar discursos diversos em um livro concebido como catálogo do mundo se aplica, por um lado, à *parole*, com a assimilação de diferentes registros verbais, do jargão científico aos modos de expressão dialetal ou societal, e de tipos textuais distintos, sejam fragmentos de jornal ou trechos de conversa. Por outro lado, essa multidiscursividade neologística é construída em trabalho direto com o sistema linguístico, a *langue*, resultando em catálogos lexicais e em procedimentos generativos de palavras. O princípio lexicográfico, ou a catalogação de palavras em dicionário, é um recurso profícuo em *Phantasus*, a ponto de diluir a distinção entre a realidade da poesia e de outros textos. Tanto que a obra já chegou a ser qualificada como "poesia de dicionário

---

7   İdem, *Das Werk von Arno Holz, v. 10: Die neue Wortkunst*, p. 667.
8   T. Van Hoorn, Biogenesis. Arno Holz' *Phantasus* als poetische Transformation zeitgenössischer Entwicklungstheorien (Haeckel, Bölsche), em J.-M. Valentin, *Akten des XI – Germanistenkongresses Paris 2005: Germanistik im Konflikt der Kulturen*, p. 367.
9   A. Holz, *Briefe*, p. 113.

de sinônimos"[10]. Conforme observa o poeta Helmut Heissenbüttel, a estruturação de *Phantasus*, bem como seu andamento, não são determinados por categorias sintáticas ou versificatórias, mas sim pela acumulação de palavras agrupadas em classes distintas (substantivos, adjetivos e verbos)[11]. De fato, o procedimento mais nítido de agregação é o encadeamento enumerativo, que – ao longo do processo de reescrita de *Phantasus* – chega a um grau de acúmulo obsessivo. Em diferença ao recurso da "enumeração caótica" ou ao "estilo bazar" diagnosticado por Leo Spitzer[12] na poesia moderna pós-whitmaniana e praticado por Arno Holz em poemas como "Anathema sit!", de *Das Buch der Zeit* (1886), o princípio da catalogação e da listagem radicalizado em *Phantasus* se singulariza pelo aspecto generativo. Não apenas se enumeram palavras do mesmo campo semântico, como também se variam vocábulos pelo parentesco sonoro, a ponto de o texto passar a funcionar como uma "enciclopédia linguístico-indutiva"[13]. Sequências de adjetivos, verbos e advérbios se proliferam em intensa profusão sonora, em um ímpeto de detalhamento, especificação e diferenciação. A obra poética passa a funcionar não como um depositário de vocábulos sequencializados, mas como uma "máquina de linguagem"[14].

A partir da edição de 1916, *Phantasus* se caracteriza pela minuciosa elaboração de informações histórico--científicas. Em carta a Robert Ress, de maio de 1916, ele conta que pretende "peregrinar", no dia seguinte, à Königliche Bibliothek de Berlim, e providenciar toda a bibliografia especializada sobre demonismo, bruxaria e noite de Walpurgis, a fim de poder continuar trabalhando na peça *Die Blechschmiede*[15]. É sobretudo em suas obras-em-expansão – *Phantasus* e *Die Blechschmiede* – que Arno Holz adota a compilação enciclopédica como um princípio composicional.

Aliás, nessas duas obras, Holz se utiliza de um método de trabalho semelhante. Além de agregar gêneros e tipos textuais diversos, misturar diferentes registros do repertório escrito e da fala e acumular vocábulos

---

10 H. Wetzlaff-Eggebert, Arno Holz und Jacques Prévert, em H. Wetzlaff-Eggebert (Hrsg.), *Die Legitimation der Alltagssprache in der modernen Lyrik: Antworten aus Europa und Lateinamerika*: p. 48.

11 H. Heissenbüttel, Vater Arno Holz, *Über Literatur*, p. 37.

12 L. Spitzer, *La Enumeración Caótica en la Poesía Moderna*, p. 44, 28.

13 E. Kleinschmidt, "Wunderpapierkorb": Literarischer Enzyklopädismus als Kulturpoetik der Moderne bei Arno Holz, *Musil-Forum*, v. 27, p. 188.

14 Idem, Literatur als Experiment: Poetologische Konstellationen der "klassischen Moderne" in Deutschland, em M. Luserke-Jaqui; R. Zeller, *Musil-Forum*, v. 27, p. 7.

15 A. Holz, *Briefe*, p. 226.

em listagem lexicográfica, ele introduz a colagem de materiais e a montagem textual como procedimento composicional. Segundo depoimento de Robert Ress, Arno Holz – ao trabalhar em suas obras de caráter enciclopédico, "reunia sistematicamente todos os conceitos ou todas as 'fonoimagens onomatopaicas' que a língua oferecia para a vitalização do respectivo conteúdo"[16]. Primeiramente se listavam – sobre uma folha de papel in-quarto – apenas as raízes das palavras, sem prefixos, sufixos ou quaisquer indicadores sintáticos. Os termos anotados eram recortados com a tesoura, em tiras então dispostas sobre placas de papelão de formatos distintos. Reunido o material linguístico básico, iniciava-se o processo de composição regido pelo ouvido: as tiras eram pinçadas dos papelões e agrupadas em sequência, de acordo com seu efeito sonoro. À raiz das palavras se acrescentavam então as terminações e os indicadores, determinando-se assim a sua classe gramatical e outras funções. Um exemplo análogo com material já impresso é o chamado *Scherz-Phantasus*, uma montagem de fragmentos textuais recortados de revistas e colados em alinhamento central, sobre fundo preto[17].

Sobretudo na peça *Die Blechschmiede*, Holz passa a trabalhar com o método do fichário. Segundo depoimento de Anita Holz, viúva do poeta, ele costumava anotar a lápis, em pequenas folhinhas que trazia consigo, no bolso, versos que lhe ocorriam espontaneamente. À noite, ele colocava essas fichas numa caixa de charutos. Depois de ter algumas caixas repletas, Holz começou a escrever a peça com o material "vertido" desse "cesto-de-papel-mágico" (*umgekipptes, ungestürztes Wunderpapierkorb*). As anotações eram coladas em um livro de amostras de papel de parede, que acabou servindo de base para a impressão da primeira edição da peça[18], Essa obra contém, por exemplo, um episódio sobre o retorno do *kaiser* Guilherme II da Alemanha de uma viagem ao Oriente, composto por fragmentos de um relato jornalístico do *Berliner Lokal-Anzeiger*.

A incorporação de material textual preexistente ao poema – por meio de procedimentos discursivos como a paródia ou por meio da assimilação direta de material, como ocorre na colagem e na montagem – reforça a ênfase de Arno Holz na concretude da linguagem. Desde *Das Buch der Zeit* (1885), Arno Holz amplia as referências que a poesia comporta, postulando que "não existem assuntos chamados poéticos, nem prosaicos,

16 Arno Holz arbeitet am Phantasus, *Die Horen*, n. 116, v. 4, p. 103-104.

17 O chamado *Scherz-Phantasus* foi publicado pela primeira vez postumamente, na revista *Die Horen*, ano 17, n. 88, v. 4, p. 3s. (Apud K.M. Rarisch, Wüster, rothester Socialdemokrat, *Die Horen*, n. 116, v. 4, p. 83.)

18 K.M. Rarisch, Niepepiep, *Die Horen*, n. 116, v. 4, p. 107; K.P. Dencker, *Optische Poesie*, p. 191.

117

mas apenas uma representação poética, em diferença à convencional-retórica"[19]. Despojar a linguagem poética da figuração retórica implicava permitir que as palavras mantivessem seus "valores originais", sem serem "lustradas, bronzeadas ou envoltas em algodão". O poeta julga que, em seus poemas, "mar" soa como "mar", ao contrário do que ocorreria em um poema de Heine, no qual "mar" inevitavelmente soaria como "Anfitrite"[20]. O repúdio à "representação convencional-retórica" se manifesta, em sua obra lírica inicial, sobretudo no resgate de referências concretas até então excluídas da poesia e no aproveitamento de um léxico de uso cotidiano. No *Phantasus* 1898-1899, a concretude poética se aprofunda com o repúdio, por um lado, à discursividade abstrata, motivo este de censura a Walt Whitman[21], e, por outro, à figuração metafórica. O potencial de apreensão intensiva da linguagem se revela não na constituição da imagem figurada, mas sim na prática do amalgamento e da justaposição verbais – como se não houvesse possibilidade de associação imagético-conceitual, a não ser na configuração material da palavra. Essa apreensão intensiva é conjugada, no entanto, à tendência extensiva de uma escrita que se permeabiliza a uma captação imediata da diversidade e se autoprolifera por meio de uma dinâmica verbogenerativa e acumulativa. A voracidade de Arno Holz ao escrever um livro-múndi resulta na concepção de livro como emolduramento de um discurso poético em fluxo permanente, passível de expansão e de reemolduramento em livros subsequentes, como mostram as diferentes edições de *Phantasus*.

19　Carta a Max Trippenbach, 7 jan. 1886, em A. Holz, *Briefe*, p. 76. A inclusão de referentes concretos no repertório poético fazia parte do programa da geração de poetas de língua alemã atuantes, sobretudo em Berlim, em meados da década de 1880. Sob a bandeira do "realismo" na lírica, o poeta Karl Bleibtreu exigia, no texto "Andere Zeiten, andere Lieder!" (1885), que as imagens de paisagens não se reduzissem a "ideias vagas e genéricas", mas se "vinculassem a um determinado momento concreto": "'Noite de luar' – bah! 'Noite de luar sobre o Müggelsee' [lago em Berlim] – que diferente o efeito dessa indicação sobre mim! Até na lírica erótica, as pessoas não deveriam se deixar iluminar pelas estrelas do couto núbeo dos cucos, mas sim pelos lampiões elétricos da Leipziger Straße!" (K. Bleibtreu, Andere Zeiten, andere Lieder!, *Die Gesellschaft*, n. 47, p. 892. Disponível em: <https://www.uni-due.de/lyriktheorie/scans/1885_bleibtreu.pdf>.)

20　A. Holz, *Revolution der Lyrik*, p. 28.

21　Arno Holz reitera, em diferentes momentos, sua admiração à poesia de Walt Whitman, mas não deixa de criticar alguns pontos de sua obra, entre os quais sua predileção pela discursividade, em detrimento da imagética: "O antigo ruiu, mas não se colocou nada de novo em seu lugar. Considero supérfluo acrescentar, mas nesse ponto eu não gostaria de ser mal-entendido: venero em Walt Whitman um dos maiores homens que já viveram. Só que nele (e nenhuma admiração pode me ajudar a sair dessa) havia, como artista, uma dose grande demais de Victor Hugo. Ele não faz parte dos grandes pintores da sua arte, mas sim dos grandes oradores. E nisso ele foi, sem dúvida, o maior de todos!" (Ibidem, p. 22-23).

[...quedas d'água vertendo vórtices...]

[...]

Den mit drei Hemden,
einer Zahnbürste, Schmierfett, dem Baedecker für Zentral-Asien,
etwas Englisch Heftpflaster,
einem Päckchen Verbandwatte, einem Rasierspiegel
und noch verschiednen, notwendigsten, andern Fressalien, Viktualien und Kleinigkeiten
vollgepfropften, vollgestopften, wasserdichten Rucksack
nach allen Gesetzen der Statik, Dynamik und Gravitation, sowie sämtlicher sonst noch integrierenden
[Wissenschaften,
kunstgerecht verstaut,
die spitze Lammfellmütze ins Genick,
mit genau eingeteiltem Atem,
ein Bein vors andre,
Schritt für Schritt,
ohne auch nur im geringsten nach rechts oder links zu sehn,
durch stille, sanft ansteigend kletternd grüne,
tröstlichst beschwichtigendst dunkelst laubschattende
Ahorn-, Apfel-, Kirschen-, Feigen-, Pfirsich-, Mandel-, Walnuss-, Oliven-, Tamarinden-, Zitronen-, Akazien-
[und Pistazienwälder,
dichte, dicke, duftüberstäubte, wilde, mannshoch wogende Roggen-, Hafer- und Weizenwiesen,
jähe, wirre,
sich drehende, windende,

nachtfinstre,
kühlmodrigst rieselndst tropfsteinnasse, stalaktitischst schulternenge Zickzackschluchten,
strudelnde, sprudelnde, gischende, zischende,
wirbelnd brodelnde Sturzwässer
und weite, breite, blendendst weiße, grausigst zerschrundendst steinigst drübergetürmte, lechzendst verödetst
[wasserlos glühende Karstwüsten
erledige ich, fürs Erstemal,
— Amor vincit omnia! Alles aus Liebe! Hoppla, mien Sähn! —
den halben Hindukusch!

[...]

———

[...]

Lotada com três camisas,
escova de dente, brilhantina, um Baedecker da Ásia Central,
alguns curativos ingleses,
pacote de gaze, espelho de barbear,
abarrotada com vários outros, dos mais imprescindíveis mantimentos, alimentos e bagatelas,
esta mochila à prova d'água,
atulhada segundo as leis da estática, dinâmica e gravitação, de acordo com todas ciências integrantes
e conforme manda a arte;
com o capuz pontudo de pele de cordeiro à nuca,
a respiração em compasso exato,
uma perna à frente da outra,
passo a passo,
sem o mínimo desvio do olhar para a direita ou para a esquerda,
através de um verde ascendente que escala em silêncio e sossego,
sob as sombrifolhas aplacantes, apaziguantes, anuviantes dos bosques de
áceres, macieiras, cerejeiras, figueiras, pessegueiros, amendoeiras, nogueiras, oliveiras, tamarindeiros,
[limoeiros, acácias e pistaches,
através de fechados, cerrados, selvagens campos de centeio, aveia e trigo, todos aromipulverizados, ondulando
[em estatura humana,
por dentro de repentinos, erráticos,
giratórios, sinuosos,

121

noctissombrios
precipícios estalactítios em respingos e frio bafio, despenhadeiros ombriestreitos em ziguezague,
por borbulhantes, remoinhantes, espumantes, sibilantes
quedas d'água vertendo vórtices,
através de desertos cársticos da mais erma, seca e sedenta incandescência, do mais amplo, franco e ofuscante
[branco, horridamente sobrestratificados em
[penhascos e fragas,
conquisto, pela primeira vez,
– *Amor vincit omnia*! Tudo por amor! Vixe, meu fio –
meio Indocuche!

[…]

[...o podômetro protocola...]

[...]

Der Kompass auf meiner Lodenbrust,
bei der oro-hydrographisch-tektonischen Schwierigkeit des Terrains,
absichtlich, mit weisestem Vorbedacht und für jede Eventualität nicht erst abgestellt,
tanzt,
zittert und tuckt,
rhythmisch baumeln die Thermosflaschen,
jeden Schritt, jeden Tritt,
mechanisch, zuverlässig, regelmäßig,
in meiner linken Westentasche,
registriert
mein Pedometer!

Avanti!

Durch einen vereinzelt von Pappeln, Birken, Espen, Eschen, Weiden,
kriechend knorrig verkrüppeltem Wachholder,
Gaisblatt, Rosen
und blitzend tauig tiefschwarz funkelnden Johannisbeeren durchsetzten,
von unaufhörlich trillerndst schnatterndst pfeifendst schmetterndst krähendst krächzendst betäubendstem
[Vogellärm erfüllten,

123

mich seltsam nordisch altvertraut heimatlich anmutenden Lärchen-, Föhren- und Rottannenwald
voller beängstigend bedrohlichst unheimlich böser,
tief in den Boden, in Laubwerk und Moos, unverkennbar abgestapfter,
allerdeutlichster
Wolfs-,
Luchs- und Bärenspuren,
die mir, in einem bestürzend jähen, plötzlichen, atemberaubenden Anprall von panischem Schrecken,
einen Moment lang,
die Glieder fast zitternd, die Zähne fast klappernd und die Knie fast schlotternd machen,
über köstlichst herrlichst lichte,
schwellendst weiche,
blendendst sonnigste Smaragdmatten,
auf denen Veilchen, Massliebchen, Primeln, Glocken- und Ringelblümchen,
zwischen strotzendst wuchernd feisten, üppigst fleischrot flackernden Rhododendrenbüschen,
unter krummen, storrstarr ernsten, sturmzerfetzten Wettertannen,
um die, neugierig zutraulich, stolze, kraftvoll schlanke, rundgehörnte Argalis und mutig kluge, listig spitzohrig
[verschlagne, silbergraue Wildesel äugen,
unschuldigst,
ein beneidenswertst verträumtes, idyllischst weltabgekehrtes Dasein blühn,
durch die, selig, kleine, blinkend hüpfende Wässerchen plätschern
und die mich mit ihrem süßen, wolkenschattenlosen Frieden, aus tiefstem, dankjubelndstem Herzen,
wieder unbekümmert lustig lachend leichtschrittig und fröhlich sein lassen,
auf schmalen, schwindelnd tollkühn halsbrecherischen Steilbändern, neben jähen, schroffen, trotzig tausend
[Klafter tiefen Abstürzen,
nackte, bröckelnde Martinswände hoch,
an denen ich, klimmend waghalsig vermessen,
überkreist von einem drohend lautlos schweigenden Adlerpaar,

dessen sich langhin dehnende Schatten, oft schon beinah flügelnah, lauernd um meine Schultern streifen,
fortunierter noch wie weiland
Teutschlands erlauchter Weißchunich und Theuerdanck, Kaiser Maximilian, der letzte Ritter,
beschirmt von keinem Engel,
trittsicher,
mir meinen Weg suche!

Und wenn die Welt voll Teufel wär! Und wenn der Pelion siebenfach sich vor mir auf den Ossa türmt! Dem
[mutig Starken hilft das Glück!

Plus haut!! Höher!! Excelsior!!

Mit meinem verschmitzt zuverlässig zweischläfrigen Geologenhammer,
so ganz nebenbei,
nur um meinem autodidaktisch glühend übermütigen, lechzend heißhungrigen, unersättlichen Wissensdurst
verwerflichst sportsmäßig, erhaben lässigst, launischst frechdachsig zu stöhnen,
alle anderthalb Nasen lang,
zerpoche ich die verschiednen Gesteinsarten!

Hmhmhmm! Eieiei! Szoßoßoh!

Trikliner Feldspat, Kieselgur,
rezente Laven,
Hornblende,
Syenit, Granulit und Augitgneis,
Grauwacke,
lamellarer, gelblicher, bis dunkelbräunlicher Magnesium- und zarter, silbrig weißer Kaliglimmer,

125

tetragonaler, glasgrün glänzender, säulenförmiger Vesuvian,
Brachiopodenmergel,
Quarzite, Korallen- und Nummulitenkalke aus dem Eocän,
paläozoischer, jurassischer und gewöhnlicher, ganz kommuner Tonschiefer!

Tout comme chez nous!

Oui! C'est ça!

[…]

———————

[...]

A bússola sobre o peito de feltro,
em pleno terreno repleto de acidentes oro-hidrográfico-tectônicos,
deixada de propósito ao alcance, por sábia precaução e para possíveis imprevistos,
dança,
balança e compassa;
as garrafas térmicas pendulam rítmicas;
cada passo, cada avanço,
mecânico, fidedigno, constante:
no bolso esquerdo do meu colete
o podômetro
os protocola!

Avanti!

Através de uma floresta pontuada de choupos, bétulas, álamos, freixos, salgueiros,
zimbros rastejando nodosos e defeituosos,
madressilvas, rosas
e groselhas de um negro-fundo faiscoriscando orvalho,
tomada pelo mais interminável, o mais entorpecente alarido de aves com seus mil assobios, sibilos, crocitos,
[trilos, trinos e gritos,

floresta esta de lárices, pinheiros e falsos-abetos a me remeter a algo insolitamente nórdico, conterrâneo e
[conhecido,
repleta dos rastros mais aterradores, assombrosos, sinistros de tão malignos,
gravados a fundo no solo, na folhagem e no lodo, inequívocos,
mais nítidos impossível
rastros de lobo,
que – num susto, num surto, num pânico de tirar o fôlego, súbito, brusco de sobressaltar –
por um momento,
quase me fazem tremer os membros, tiritar os dentes, fraquejar os joelhos;
sobre tapetes de uma ambrosíaca e fantástica luminescência,
de uma brandura mais que túmida,
de esmeralda tais tapetes, solares de cegar,
e sobre eles violetas, margaridas, prímulas, campânulas e calêndulas,
entre arbustos de rododendro crepitando em copioso rubro-carne, ostentando opulenta corpulência,
entre retorcidos torsos de pinheiros coriscorroídos com seu obstinabalável siso,
ao redor dos quais orgulhosos argalis circumcórneos em curiosa fieza e vigorosa esguiez e cinzargênteos
[asnos de sagaz audácia e arguta astúcia espiam,
inocentíssimos,
e medram uma vida do mais invejável devaneio, da mais idílica eremitania,
chapinham, felizes, saltitando vívidos por poças mínimas
e, com sua doce paz desnublada de sombra, do fundo de um coração gratilariante,
me fazem feliz e me refazem álacre, lépido, leviandante,
sobre estreitas encostas de vertiginoso e temerário risco, rentes a abruptas e bruscas escarpas fundas de mil
[obstinadas braças,
nuas muralhas acima, quebradiças, vide Martinswand,
nas quais eu, escalando atrevido e intrépido,
sob um par de águias a circumpairar em silêncio de tácita ameaça,

águias cujas sombras, alongando-se oblongas, por um triz tangenciando-me com asas, roçam meus ombros
[emboscadas,
eu, afortunado como outrora
o iluminado teutônio Weisskunig e Theuerdanck, *kaiser* Maximiliano, o último cavaleiro,
escoltado por anjo nenhum,
passo aprumado,
procuro a minha trilha!

E mesmo que o mundo se replete de capetas! E mesmo se o Pelion se empilhe à minha frente, sete vezes,
[sobre o Ossa! Ao forte a sorte!

Plus haut!! Mais alto!! *Excelsior*!!

Com o meu duplo martelo de geólogo, probo e destro,
bem *en passant*,
só para fazer gemer a minha insaciável sede de saber, esta febril empáfia autodidata, esta gargantoíce lasciva,
eu, condenável de tão à vontade, magnífico de tão descontraído, inconstante de tão temerário,
a cada nariz e meio,
malho as mais diversas espécies de rocha!

Hmhmhmm! Aiaiai! Ahá Ahah Ahah!

Feldspato tríclino, diatomito,
lavas recentes,
horneblenda,
sienito, granulita e augen gnaisse,
arenito cinza,
lamelosa mica de magnésio do amarelo ao marrom e tênue brancargêntea muscovita,

vesuvianita colunar, com brilho verde-vidro, tetragonal,
marga de braquiópodes,
quartzito, calcários coralíneos e numulíticos do Eoceno,
ardósias paleozoicas, jurássicas e ardósias comuns e corriqueiras!

Tout comme chez nous!

Oui! C'est ça!

[...]

Poesia-Linguagem: Poema Como Aporia

O projeto de um livro oni-inclusivo, que – em tese – abarque o mundo, levanta a questão linguístico-filosófica que obteve a mais sucinta formulação em "Sobre o Rigor na Ciência", de Jorge Luis Borges: a do contrassenso de se criar um mapa que tenha o tamanho do território mapeado e coincida com ele ponto a ponto. O que se nota no processo de reescrita de *Phantasus*, no entanto, não é uma ampliação da estrutura ou do escopo do texto, mas sim uma tendência de subdivisão e de detalhamento, a fim de se captarem nuances cada vez mais específicas e sutis, algo que incorre em um crescente inflacionamento verbal. Em resposta à (frequente) crítica ao hiperdimensionamento de *Phantasus*, Holz esclarece que o desenvolvimento de sua obra não se faz por "adição" ou "acumulação", mas sim por "divisão" ou "diferenciação"[1]. Embora o impulso de diferenciação resulte, sim, numa acumulação verbal, ele gera uma dinâmica textual bastante diferente do mero armazenamento de palavras. O que se expande em *Phantasus* é a percepção dos objetos, e assim a representação se torna crescentemente multifacetada. Para Holz, a apreensão do mundo em livro requer, evidentemente, o filtro da percepção autorial: "Formo e moldo o 'mundo' […] quando consigo espelhar o reflexo que ele me lança na alma! Quanto mais rico, mais múltiplo, mais colorido for o meu modo de fazê-lo, mais fidedigna, mais profunda, mais poderosa se tornará a minha obra."[2] A noção do poeta como

1 A. Holz, *Briefe*, p. 233.
2 Idem, Idee und Gestaltung des *Phantasus*, *Die befreite deutsche Wortkunst*, p. 28-29.

133 "sismógrafo" está ligada, no pensamento de Holz, à premissa de que pode existir uma transitividade ou uma relação fluida entre as coisas e sua verbalização: ao poeta caberia captá-la por meio do ritmo.

> O que resta, por toda a eternidade, como elemento formal supremo de toda poesia, é o ritmo. Rima, estrofe, paralelismo, aliteração e assonância – aqui daria para se prosseguir à vontade – eram apenas acessórios e, com o tempo, necessariamente tinham que ruir. Só ele é inesgotável. Instruções de uso? Não o deforme! Expresse o que você sente, de modo tão imediato como o sentir, e você o terá. Você o apreende, ao apreender as coisas. Ele é imanente a tudo. Renuncie a todo o resto![3]

Aqui Holz descreve a escrita poética como o ato de registrar, em palavras, a apreensão sensorial do ritmo inerente às coisas, pressupondo a possibilidade de um trânsito fluido entre o ritmo exterior e o ritmo verbal – via imaginação poética. O ritmo das coisas seria apreendido multissensorialmente e se configuraria, então, na imaginação. Para o poeta que seguia as convenções métricas, rímicas e estróficas, a dificuldade do fazer poético residia no domínio de uma forma artesanal, preexistente, a ser atingida com o domínio da técnica. A "nova forma", que prescinde da versificação e das regras convencionais da poética clássica, sendo inteiramente definida pelo ritmo, não depende de métodos anteriores à configuração da obra, mas é derivada espontaneamente do processo de criação. A dificuldade do poeta, nesse caso, seria bem maior e consistiria em obter uma "imagem (*Vorstellung*) clara", da qual "a forma passaria a fluir diretamente, por si só, deixando de se submeter a nosso bel-prazer e tornando-se necessária"[4]. Quanto mais imediata for a apreensão sensorial do mundo e quanto mais imediata for a expressão verbal da imagem configurada na mente, maior será a chance de se obter a "forma necessária", não arbitrária, congruente com o "conteúdo". E o sintoma disso seria o ritmo, "um vibrar de cada verso, um viver secreto em cada som [...], a ser encontrado em tudo e em todo lugar onde conteúdo e forma coincidem por um instante fugaz. Essa congruência permanente entre

3   Idem, *Revolution der Lyrik*, p. 32.
4   Ibidem, p. 49-50.

ambos é justamente o cerne daquilo que prego!"[5] Holz descreve sua iniciativa "enérgica" de reescrever o *Phantasus* 1916, que ele já chegara a considerar definitivamente "resolvido", como um "auscultar som a som, linha a linha, por meio de um diapasão": "Pois, para mim, som e conteúdo são inseparáveis, e onde o som falha, ou apenas cede, também falha e cede o conteúdo!"[6] O afinamento sonoro permite que "as coisas se imprimam de forma plástica", que "cada palavra surta efeito em seu pleno som original, no mais puro trabalho de cristal" e que assim se gere "o mais íntimo significado, a manifestação convincente daquilo que eu queria expressar por meio dessas palavras!"[7]

À ideia de que a congruência entre forma e conteúdo só pode ser atingida de modo aproximativo, por meio da permanente (re)elaboração poética, traz novamente à tona a preocupação de Holz com o intervalo que separa a concepção da obra de sua realização, intervalo esse sintetizado na fórmula Arte = Natureza – x, em *Die Kunst, ihr Wesen und ihre Gesetze*. Para minimizar esse intervalo, Holz defende o maior imediatismo possível em dois momentos-chave do processo de criação: a percepção mais direta possível e a transposição mais imediata possível do processo imaginativo (*Vorstellung*) para a escrita. Isso permite que se atinja "a mais refinada, a mais imediata, a mais poderosa e a mais abrangente das formas"[8]. Por mais que *Phantasus* também se desenvolva no sentido de abarcar um número cada vez maior de fenômenos contingentes, a abrangência que Holz busca não é apenas extensiva, mas em grande medida intensiva: por meio do refinamento ou da proliferação de nuances (por exemplo, nas composições verbais neologísticas com alto teor sinestésico) e do imediatismo perceptivo-escritural que permeabiliza a escrita e permite que ela se afine com o ritmo das "coisas".

Em seus dois principais escritos teóricos até a virada de século XIX para o XX – *Die Kunst, ihr Wesen und ihre Gesetze* (1891-1892) e *Die Revolution der Lyrik* (1899) –, Arno Holz procurou encontrar uma resposta para a crise da linguagem que vinha condenando como obsoletas as convenções literárias até então. Se em sua revisão de Zola a ênfase recaíra na medialidade material da arte e no domínio técnico de sua manipulação, ou

---

5   Idem, *Das Werk von Arno Holz, v. 10: Die neue Wortkunst*, p. 621.
6   Ibidem, p. 709-710.
7   Idem, Idee und Gestaltung des *Phantasus, Die befreite deutsche Wortkunst*, p. 36.
8   Ibidem, p. 27.

135 seja, em elementos da criação artística centrais para a potencialização do teor estético, em seu escrito sobre a revolução da poesia lírica ele esboça, por meio do conceito de ritmo, uma possibilidade de congruência entre conteúdo e forma que, embora jamais possa ser definitivamente atingida, torna-se alvo de uma contínua elaboração estética. Diante do ceticismo para com a capacidade de representação da linguagem que marca as discussões estéticas na virada de século XIX para o XX[9], Holz responde com a ênfase na medialidade e na materialidade da palavra e com o postulado de uma forma motivada, não arbitrária. É justamente isso que tornaria a reflexão e a prática literárias de Holz referenciais para as vanguardas do século XX.

A concepção de linguagem poética de Arno Holz, desenvolvida como uma tentativa contínua de superação da crise de representação, não é estática, nem unívoca, mas sim mobilizada pela tensão de aporias insolúveis. O que impulsiona a dinâmica textual em *Phantasus* é justamente a indecidibilidade entre o movimento totalizante e a fragmentação dele resultante, entre a procura da forma exata e a difusão gerada pelo crescente ruído da linguagem, entre a busca do vínculo mais imediato possível entre realidade linguística e extralinguística e a tendência de autonomização da linguagem em um código autorreferencial.

9   A crise da linguagem diagnosticada, literariamente, desde meados do século XIX na França repercutiu no espaço cultural de língua alemã de forma gradativa e descentrada ao longo da segunda metade do século, exteriorizou-se em marcantes reflexões filosófico-literárias na virada de século, vindo a ter consequências decisivas para a linguagem das artes sobretudo com os movimentos de vanguarda do século XX. Na Alemanha, a reflexão moderna sobre a insuficiência da linguagem como forma de apreensão se manifesta, na filosofia do século XIX, com Friedrich Nietzsche e Fritz Mauthner. O marco literário dessa reflexão viria a ser, no entanto, *Ein Brief* (Viena, 1901), de Hugo von Hofmannsthal. Na obra de Arno Holz, a articulação explícita da crise do sujeito, da linguagem e da representação é o ponto de partida do escrito *Die Kunst, ihr Wesen und ihre Gesetze*, no qual ele formularia a base de sua nova "arte verbal" (*Wortkunst*). Nesse texto, ele escreve: "E para mim despontava, então, um tempo que somente saberá estimar aquele que já o viveu, pelo menos de forma similar. Desde então me asseguram que hoje tais 'crises' adornam a vida de qualquer homem civilizado. [...] Tudo em mim era escombros, e mal passava uma semana sem que algo viesse a desmoronar na sequência. E o mais esquisito, o mais insano era que eu sentia por aquilo uma espécie de alegria furiosa, algo como uma satisfação. Semelhante àquela que deve sentir, imagino eu, uma pessoa que acabou de perder um milhão a agora lança ao primeiro mendigo os últimos centavos que ainda lhe restam. A única coisa que ameaçava me sobrar disso era um único e monstruoso ceticismo. Contra tudo e, em primeiro lugar, a saber, contra mim mesmo!" (idem, *Die Kunst, ihr Wesen und ihre Gesetze*, p. 31). Desde cedo, a dedicação de Holz à elaboração da linguagem, ao trabalho com a materialidade da palavra é marcada pela sensação de inadequação da linguagem verbal como meio de apreensão da realidade extralinguística. Essa sensação é descrita, *a posteriori*, do seguinte modo: "A cada frase que eu escrevia, bocejavam abismos à minha volta, cada expressão que eu arrancava de mim me parecia um monstro, cada palavra tinha a perfídia de vacilar em cem significados, cada sílaba me causava problemas." Idem, *Das Werk von Arno Holz, v. 10: Die neue Wortkunst*, p. 341.

A TOTALIZAÇÃO FRAGMENTÁRIA

O impulso de apreensão oniabrangente em *Phantasus* tem precedentes na obra de Arno Holz, a saber, no chamado *Sekundenstil*, praticado nas obras narrativas e dramáticas escritas em coautoria com Johannes Schlaf e publicadas no final dos anos 1880 e início dos anos 1890. Nos textos escritos em colaboração[10], Holz e Schlaf engendram a narrativa por meio da descrição sequencial de gestos de personagens entremeados por percepções sensoriais (provindas, sobretudo, da audição e visão, do tato e olfato). O que move a narrativa não é o impulso de construir a progressão de um enredo ou o desenvolvimento teleológico da ação. A ênfase recai no desdobramento temporal, por meio da sequencialização ampliada de gestos das personagens, e no desdobramento espacial, por meio da indicação da contiguidade ou adjacência dos objetos – um procedimento que remete a um recurso narrativo cultivado, bem depois, pelo *nouveau roman*. O que acaba gerando a ilusão de uma narração "segundo a segundo"[11], ou seja, centrada no momento presente, é o teor predominantemente descritivo, o grau de detalhamento do foco, o ritmo paratático e a ausência de um ponto de fuga para o qual a narrativa demonstre apontar. No entanto, ao rastrear a sucessividade dos gestos e a contiguidade dos objetos no espaço, o estilo "segundo a segundo" não implica linearidade. Na sequencialização de estímulos sensoriais concomitantes, marcada por uma gradação de tempos verbais, já se cria um descompasso entre tempo narrado e tempo da narrativa. Além disso, a oscilação entre uma perspectiva central e uma focada no alcance da percepção sensorial de diferentes personagens tem um efeito disruptivo

---

10   Em coautoria com Johannes Schlaf, Arno Holz publicou *Papa Hamlet* (prosa narrativa, 1889), *Krumme Windgasse* (O Beco Recurvo do Vento, prosa narrativa, 1890), *Die Familie Selicke* (A Família Selicke, drama, 1890), *Der geschundne Pegasus: Eine Mirlitoniade in Versen* (Pégaso Ultrajado: Uma Mirlitoníada em Versos, 1892) e *Neue Gleise* (Novos Trilhos, coletânea de textos narrativos e dramáticos, 1892).

11   Na virada de século XIX para o XX, essa técnica, que depois viria a ser considerada a verdadeira inovação do chamado "naturalismo consequente" alemão, foi pejorativamente denominada *Sekundenstil* (estilo segundo a segundo) pelo escritor e professor Adalbert von Hanstein. Associando a nova técnica de "descrever o tempo e o espaço segundo a segundo" ao axioma de Holz sobre arte e natureza, Von Hanstein critica "a pintura minuciosa que faz ressuscitar o menor recorte da vida e da realidade com absoluta fidelidade", considerando-a um peso sobre a fantasia do escritor. "Um grão de areia é cuidadosamente recolhido, virado de um lado para o outro, observado com toda atenção e registrado em uma ficção análoga a um diário", censura o crítico. (A. von Hanstein, *Das jüngste Deutschland – Zwei Jahrzehnt miterlebte Literaturgeschichte*, p. 157-158. Disponível em: <https://archive.org/stream/dasjngstedeutsco1hansgoog#page/n185/mode/2up>.)

sobre a narração. O que parece o estrito inventário acústico de uma situação é, em sua constituição, um discurso: descentrado, pois oscila entre diversos pontos de vista; descontínuo, por apresentar uma sucessão estanque de ocorrências e sensações através do filtro de uma percepção não coesa; fragmentário, por abdicar de uma instância narrativa totalizante e indiciar uma existência atomizada. Na historiografia literária, o *Sekundenstil* é tido como a principal inovação formal do chamado "naturalismo consequente" alemão, que Holz e Schlaf introduziriam inicialmente na narrativa e depois transfeririam para o gênero dramático, com a peça *Familie Selicke* (1890). Essa técnica literária, comumente considerada um produto da releitura holziana de Zola, prioriza a assimilação do concreto na linguagem, ou seja, a apreensão imediata de fenômenos contíguos e sucessivos por meio dos sentidos como fio condutor da obra. O que teoricamente se inicia, portanto, como uma tentativa de objetivação máxima resulta em um discurso altamente subjetivado e, mais do que isso, construído a partir de uma subjetividade descentrada. As questões estéticas levantadas pelo *Sekundenstil* continuariam sendo fundamentais no projeto de vanguarda de *Phantasus*. O gesto de uma apreensão oniabrangente que necessariamente implica uma quebra da linearidade; a noção de um texto potencialmente extensível *ad infinitum*; a ênfase na dimensão material da linguagem, expressa na predileção pela concretude, em detrimento do abstrato e do metafórico, e na compreensão do texto como um decalque foto-fonográfico; o caráter partitural do texto: todos esses princípios se manterão presentes na busca estética de Arno Holz, sendo resgatados por meio de procedimentos líricos a partir dos últimos anos do século XIX, com o lançamento da primeira versão de *Phantasus*, em 1898-1899.

Ancorar o impulso oni-inclusivo de *Phantasus* no contexto de uma busca estética contínua de Arno Holz, desde os seus experimentos naturalistas, permite generalizar – para além das especificidades dessa obra e das particularidades da lírica – um ponto central do pensamento holziano sobre linguagem e representação: "o problema da tensão, do abismo intransponível, da lacuna entre a totalidade do imaginado (*das Vorgestellte*) e aquilo que se manifesta (*das Erscheinende*) nos meios da arte", conforme constata Ingrid Strohschneider-Kohrs[12]. Aliás, esse intervalo corresponde justamente à incógnita "x" da fórmula Arte = Natureza – x. A constatação da insuficiência da linguagem leva a um ímpeto de compensação quantitativa, à busca de

---

12 Sprache und Wirklichkeit bei Arno Holz, *Poesie und Reflektion*, p. 318.

absorver todos os fenômenos e todas as contingências na escrita. A relação entre esse impulso totalizante subjacente ao livro-múndi e o moto-contínuo do que aqui se denominou escrita-ação é sintetizada da seguinte forma por Strohschneider-Kohrs:

> E assim se inicia um processo *ad infinitum* – no qual toda palavra nova é capaz de se manifestar com sua respectiva tendência de desdobramento e matização. Afinal, o eu lírico sensível-falante, em busca de uma sinalização momentânea da sua vivência, não encontra em nenhuma das palavras fixadas o imediatismo que intenciona. Por meio da configuração sucessiva da expressão, a sua percepção pode ir além daquilo que é respectivamente codificado e objetivado. Assim, o eu lírico se lança, a cada instante da denominação por meio de novas associações verbais, em uma contínua aproximação do que pretende dizer, do todo. Procura reduzir a lacuna na constituição dos meios da arte – e basicamente não consegue chegar a nenhum fim, a nenhuma fixação definitiva.[13]

O impulso totalizante em *Phantasus* se configura, por um lado, na textualização do processo de escrita, com a sequencialização de variantes cogitadas durante o ato de escrever e com a concretização de uma linguagem autoproliferativa, e, por outro, na projeção utópica de um livro absoluto, jamais realizável, mas insinuado pelos marcantes gestos de oni-inclusão e contínua reescrita. A totalidade que se insinua na dinâmica autoproliferativa do texto se explicita como algo irrealizável e, ao mesmo tempo, como denúncia da ilusão de totalidade e como concretização de uma imagem-múndi irreversivelmente fragmentada, a ser representada somente pela forma aberta.

De fato, desde a década de 1880, Holz elegera como objeto da poesia lírica "a colorida vida e lida dos nossos dias, esse gigantesco telescópio em eterna alternância"[14]. A valorização estética do fragmento como resultado de um movimento de totalização já se revela no projeto intitulado Apollonius Golgatha, "um mosaico gigantesco planejado para ter efeito total, cujas milhares de pedrinhas coloridas, no entanto, deveriam ser

---

13 Ibidem, p. 327-328.
14 A. Holz, Ein offener Brief an Herrn Richard Fellner: Die Dichtkunst der Jetztzeit, *Kyffhäuser Zeitung: Wochenschrift für alle Universitätsangehörige deutschen Stammes und deutscher Zunge*, p. 48-49. Disponível em: <https://www.unidue.de/lyriktheorie/scans/1883_holz.pdf>.

trabalhadas a ponto de cada partícula extraída do todo manter o seu efeito de imagem avulsa", segundo afirmava Holz em carta de 7 de agosto de 1897 a Georg Hirth[15]. É no *Phantasus*, contudo, que Arno Holz dá a sua resposta mais radical à crise de representação da modernidade.

Em contrafluxo ao movimento de expansão do poema por acumulação enumerativa e por minuciosa especificação – que ao mesmo tempo que acena para uma possível totalidade revela que a busca da totalização só faz acentuar a fragmentariedade –, a poética de *Phantasus* também se caracteriza por uma nítida tendência de concentração. Para Holz, "o objetivo de uma arte sempre permanece o mesmo, ou seja, a apreensão mais intens(iv)a possível daquele complexo acessível aos meios (*Mittel*) que lhe são peculiares"[16]. Se, em *Phantasus*, a sintaxe é tensionada até o limite da ilegibilidade, mantendo-se, contudo, estruturalmente intacta, é no léxico que a densidade se manifesta com maior nitidez, sobretudo nos neologismos aglutinativos, que, ao longo das edições, passam a associar classes gramaticais e campos de referência semântica cada vez mais diversos, constituindo muitas vezes verdadeiras sequências fílmicas em uma única palavra. No processo de reescrita de *Phantasus*, nota-se – por um lado – essa intensificação da densidade lexical, mas – por outro – o apagamento do princípio macrocomposicional da justaposição, determinante na versão de 1898-1899 e indicador da influência da poesia e da arte orientais, sobretudo o haiku e a gravura japonesa, sobre a concepção e a produção líricas de Holz[17].

---

15 Idem, *Briefe*, p. 113.

16 Idem, *Revolution der Lyrik*, 23.

17 Por meio de testemunhos de contemporâneos de Arno Holz, como Paul Ernst ou Reinhard Piper, sabe-se de sua afinidade com as artes orientais. Holz é considerado um dos pioneiros na recepção da cultura do Japão na Alemanha. (S. Winko, "Hinter blühenden Apfelbaumzweigen steigt der Mond auf": Japanrezeption und Wahrnehmungsstruktur in Arno Holz' frühem *Phantasus, Jahrbuch der deutschen Schillergesellschaft*, p 175.) Seu contato com a gravura japonesa é documentado em carta a Richard Dehmel, datada de 7 de julho de 1894: "C[aro] R[ichard], você tem que me visitar de novo, *quam celerrimest*. Estou com uma quantidade tal das mais esplêndidas gravuras japonesas coloridas em casa; você vai ter uma alegria imensa de vê-las." (A. Holz, *Briefe*, p. 97.) Ernst se refere a conversas com Holz sobre poesia chinesa e autores como Li Po, além de indicar a influência de leituras como *Le Livre de Jade* (1867), de Judith Gautier (1846-1917). Piper recorda-se de ter recebido de Holz, em 1898, o livro *Poésies de l'époque des Thang* (*VIIe-IXe siècle de notre ère*), *traduites du Chinois pour la première fois par le marquis d'Hervey-Saint-Denys*. (H. Scheuer, *Arno Holz im literarischen Leben des ausgehenden 19*, p. 170-171.)

O alinhamento dos versos conforme um eixo central de diagramação, recurso adotado por Arno Holz desde 1897[18], confere mais uma dimensão de densidade ao poema. À contracorrente do fluxo linear de frases longas que, desde o *Phantasus* 1916, podem se estender por diversas páginas, interpoladas pela enumeração obsessiva de vocábulos em grande parte compostos por neologia, a divisão e o agrupamento de versos ao longo do eixo vertical cria outra possibilidade de enfeixamento das palavras. Holz descreve essa bidirecionalidade do poema como um jogo entre a "dinâmica" dos versos e a "estática" da estrutura poemática[19]. Ele denominava o "Algo visível gerado pelo invisível eixo central" de "audioimagem do poema" (*Ohrbild des Gedichts*), uma espécie de partitura textual ou "música tipográfica" (*typographische Musik*)[20]. A concepção do poema como notação musical[21], principal parâmetro da comparação entre o Holz de *Phantasus* e o Mallarmé de *Un Coup de dés*[22], é um procedimento fundamental de economia[23] textual e de condensação da informação estética, à medida que sobrepõe os estratos óptico e sonoro do poema em uma espécie de diagrama rítmico, criando um âmbito de decifração paralelo à leitura da escrita linear. Essa bidimensionalidade dinamiza o poema e mantém a tensão no movimento de leitura, a se perfazer, concomitantemente, como apreensão sequencial do fluxo textual recortado em versos e como percepção momentânea de um amplo complexo rítmico-visual.

Foi sobretudo esse traço da poesia holziana que a poesia concreta revalorizou.

---

18 Arno Holz utiliza pela primeira vez o eixo central de diagramação no poema "Vorfrühling", publicado na revista *Pan* (ano 3, n. 1), em 1897. O segundo número da revista, no mesmo ano, inclui dez poemas nessa nova diagramação ("Lyrik aus einem neuen Cyclus: Phantasus"). Para precedentes do uso da diagramação centralizada de poemas na Alemanha, ver K.P. Dencker, *Optische Poesie: Von den Prähistorischen Schriftzeichen bis zu den digitalen Experimenten der Gegenwart*, p. 330, nota 1136.

19 A. Holz, *Das Werk von Arno Holz, v. 10: Die neue Wortkunst*, p. 719-720.

20 Idem, Idee und Gestaltung des *Phantasus*, *Die befreite deutsche Wortkunst*, p. 37.

21 Sobre a concepção de poema como notação na poesia de vanguarda brasileira, com referência a Mallarmé e Holz, ver S. Homem de Mello, Augusto de Campos: Poesie als Notation, em A. Thurmann-Jajes (Hrsg.), *Poesie – Konkret: Zur internationalen Verbreitung und Diversifizierung der Konkreten Poesie*.

22 Para comparações da noção de poema-partitura em Arno Holz e Mallarmé, ver H. de Campos, *O Arco-Íris Branco*; H. Kiesel, *Geschichte der literarischen Moderne*, p. 157s.

23 Nesse sentido, ao se referir à *Mittelachsenlyrik* – à poesia alinhada a um eixo central de diagramação – de Arno Holz, Friedrich Kittler lembra do aspecto econômico da intensificação ou otimização da leitura destacado pelo poeta e afirma que nenhum autor antes de Arno Holz pensou em poupar os músculos ópticos do leitor de tantos segundos de movimento desnecessário a cada poema. (Ein Höhlengleichnis der Moderne: Lesen unter hochtechnischen Bedingungen, *Zeitschrift für Literaturwissenschaft und Linguistik*, cadernos 57-58, p. 218.)

O RUÍDO DA NOTAÇÃO

A adoção de um modelo poemático partitural, sobretudo na edição de 1916, na qual a divisão de versos se afasta da estruturação sintática e a alternância de linhas breves e longas é imprevisível, coloca em evidência o limiar entre o fluxo da escrita e a interrupção, a linguagem e o silêncio. Aliás, o *Phantasus* 1898-1899 – com seu resgate dos cortes assimétricos e das sobreposições estruturais à gravura e ao haiku japoneses – já valoriza, como um espaço de significação, o branco entre os versos e as estrofes, bem como o branco que emoldura o poema diagramado por alinhamento central. A partir da edição de 1916, na qual ainda transparecem resquícios da justaposição ideogramática de imagens[24], o inflacionamento verbal que levaria a crítica da época a depreciar *Phantasus* como "Elephantasus" remeteria a outra referência fundamental para a poesia de Arno Holz, dificilmente considerada conciliável com o lacônico "imagismo" da lírica chinesa e do haiku, a saber: o barroco[25].

---

24 Esse seria mais um ponto de ligação entre o *Phantasus* 1898-1899 e a poesia imagista, cuja semelhança já foi destacada na década de 1920, por Babette Deutsch; em estudo posterior, Robert Oeste toma o gênero do poema longo como parâmetro de comparação entre o *Phantasus* e os *Cantos*, de Ezra Pound (*Arno Holz: The Long Poem and the Tradition of Poetic Experiment*,1982). Para Babette Deutsch, Arno Holz "convida o poeta a ouvir o ritmo inerente ao humor que ele está se empenhando em expressar e variando a cada motivo poético. Antecipando diversos princípios dos nossos imagistas, ele insiste na abolição da palavra meramente decorativa e na produção de uma poesia dura, clara e concentrada". (B. Deutsch; A. Yarmolinsky [orgs. e trads.], *Contemporary German Poetry*, p. vxi.) Oeste, por sua vez, associa a poesia de Holz aos princípios do imagismo destacados por Pound em "A Few Don'ts for an Imagist" (1913) e retomados em "Pavannes and Divagations" (1918), entre os quais o "tratamento direto da coisa, seja ela subjetiva ou objetiva" e, quanto ao ritmo, a composição "na sequência da frase musical, não na sequência do metrônomo". (R. Oeste, *Arno Holz: The Long Poem and the Tradition of Poetic Experiment*, p. 59.)

25 A afinidade da prática poética de Arno Holz, sobretudo em *Phantasus* e *Die Blechschmiede*, com o barroco praticamente não foi estudada, a não ser por indicações fortuitas de certas semelhanças com autores como Johann Fischart (1545-1591), Christian Hoffmann von Hoffmannswaldau (1616-1679), Quirinus Kuhlmann (1651-1689). O interesse de Holz pela poética barroca se revela explicitamente no pastiche literário *Dafnis: Lyrisches Porträt aus dem 17. Jahrhundert* (1904), no qual ele cria uma persona poética arcaizante, utilizando-se não apenas de recursos típicos da poesia barroca, mas também da língua alemã do século xvii. Arno Holz pode ser considerado um dos poucos poetas modernos alemães que demonstra um vínculo relevante com o barroco, um período que – como observa Hugo Friedrich – mantém "linhas de ligação secreta com a poesia moderna". (*Die Struktur der modernen Lyrik*, p. 41.)

Em *Phantasus*, a opulência verbal "barroca" (no sentido que Haroldo de Campos consideraria "transepocal")[26] se manifesta tanto no plano morfológico, por meio dos amálgamas lexicais, quanto no plano sintático, pelo transbordamento enumerativo, procedimentos esses que dificultam a apreensão da continuidade textual e perturbam uma leitura movida somente pela busca de inteligibilidade. A incorporação daquilo que turva a transparência do texto e coloca em evidência a opacidade da linguagem pode ser considerada um traço intrínseco à poética de *Phantasus*. Nas edições tardias, o prolongamento dos períodos por meio de crescentes interpolações acaba encobrindo, para o leitor, a estratificação sintática. Essa tendência já foi comparada à planificação da representação pictórica na gravura japonesa[27] ou ao processo de apagamento da figuração na pintura moderna[28]. O processo de reescrita de *Phantasus* revela uma reversão da concepção inicial de um poema partitural. Sobre o *Phantasus* 1898-1899, Arno Holz afirmara ter indicado apenas as "notas", acrescentando que "a música dentro delas deverá ser tocada por quem souber ler tais hieróglifos"[29]. Inicialmente, a notação poemática pressupunha que se lessem o contraste entre o fundo branco e as pautas, a distinção entre a linguagem e o silêncio corporificado pelas elipses ou pelos intervalos irregulares entre versos e estrofes; já nas versões posteriores do poema, a palavra se torna um ruído entre outros, conferindo à obra uma crescente ilegibilidade.

As frequentes críticas à profusão verbal de suas peças de teatro e de *Phantasus*, Arno Holz já refutava com a convicção de que "toda obra de arte necessariamente já traz em si a sua extensão", algo que não pode ser

---

26 Haroldo de Campos denomina "transepocal" a qualificação benjaminiana do *Fausto* II, de Goethe, como "poema barroco rememorativo". (H. de Campos, *Deus e o Diabo no Fausto de Goethe*, p. 128).

27 S. Winko, "Hinter blühenden Apfelbaumzweigen steigt der Mond auf": Japanrezeption und Wahrnehmungsstruktur in Arno Holz' frühem *Phantasus, Jahrbuch der deutschen Schillergesellschaft*, p. 199.

28 Em "Eine Einführung in eine Arno Holz-Auswahl" (Introdução a uma Seleta de Arno Holz, 1951), Alfred Döblin escreve: "Entenderemos melhor o que ocorre nessas configurações-mamute, nesses ritmos torrenciais, se nos lembrarmos da pintura moderna, da não figurativa, da chamada abstrata. Menciono o nome Kandínski. Em Kandínski, veem-se superfícies multicolores e traçados coloridos, e o todo vibra em conjunto numa composição, numa junção de grupos de cores, diante dos quais se proíbe pensar e perguntar: o que é isso? Pintar superfícies gigantescas formando uma composição que o conceito não consegue acompanhar: esse é o paralelo pictórico às configurações-mamute de Holz." (*Aufsätze zur Literatur*, p. 161.) Para um paralelo mais detalhado entre Wassily Kandínski e Arno Holz, ver D.H. Bryan, Approaches to German Modernism: Wassily Kandinsky and Arno Holz, *New German Review*, v. 11.

29 A. Holz, *Revolution der Lyrik*, p. 29.

143 alterado por nenhuma "arbitrariedade externa"[30]. Isso reforça a ideia de que o texto literário se desenvolve de dentro para fora em um processo de (re)escrita cujo término não é determinado por nenhum fator externo, nem mesmo o crivo da inteligibilidade. No caso de *Phantasus*, a crescente ilegibilidade ao longo das edições faz parte do programa moderno holziano e não representa um desvio dele. O movimento de contínua multifacetação, com vista a uma crescente nitidez, acaba se revertendo em difusão, desfiguração e desfigurativização. Esse movimento entrópico do projeto Phantasus é um dos fatores que tornam Arno Holz um representante da linhagem da poesia moderna que se singulariza pela incompreensibilidade e a impossibilidade de assimilação, esta considerada por Hugo Friedrich uma "característica crônica dos mais modernos"[31].

A AUTONOMIA ADERENTE

Uma observação mais minuciosa revela que o processo de reescrita de *Phantasus* se faz sobretudo por uma proliferação verbal via similaridade sonora. O poeta visual Franz Mon descreve esse procedimento holziano da seguinte forma:

> O tema submerge, emerge a palavra, que se avizinha de outras palavras e por elas se deixa determinar, à medida que as espelha e as varia, que permite tecer associações, que sempre volta a romper a relação temática com uma escapada, que não representa, mas continua se movendo. Nesse processo, surgem palavras que a linguagem convencional desconhece e que só têm função aqui e agora, mas não são transferíveis.[32]

30 Carta a Franz Servaes, 1 dez. 1913, em A. Holz, *Briefe*, p. 201.
31 Op. cit., p. 10-12.
32 Beispiele, *Texte über Texte*, p. 81.

O movimento autopoiético aqui descrito por Franz Mon é uma questão que perpassa a reflexão e a prática poéticas de Arno Holz desde os escritos da fase naturalista. Em *Die Kunst, ihr Wesen und ihre Gesetze*, Holz relata que, como literato, o que instigou o início de sua reflexão teórica sobre literatura foi a experiência de constatar que "como artista, [ele] estava longe de dominar seus meios, sendo – muito pelo contrário – [...] dominado por eles"[33]. Foi essa constatação que o teria conduzido, por fim, à fórmula Arte = Natureza – x, que destaca, como incógnita, justamente o domínio dos meios da arte pelo artista. O que inicialmente se apresentava como um déficit aparentemente irreversível acabou sendo transformado, pelo poeta, em mais-valia estética. Em *Die befreite deutsche Wortkunst*, Holz descreve como *Phantasus* parece ter surgido de uma dinâmica própria, involuntária: "Nada que eu quisesse – pois, quando componho, não quero nada nunca, apenas procuro me entregar inteiramente 'às coisas', desligando o máximo possível o chamado 'eu' – mas sim algo necessariamente [provindo] de si mesmo e sem nenhum acréscimo da minha parte!"[34]

"Assim", acrescenta Holz, "[o poeta] se torna criatura de sua própria obra, que se cria a si mesma de acordo com suas próprias leis internas e que [ele] tem que obedecer e seguir 'devotamente', se quiser continuar sendo 'artista' e não o contrário!"[35] A ideia de que, em certo momento do processo de criação, o texto gera-se a si próprio, sem a intervenção do sujeito, aponta para o estado de autopoiesis que Stéphane Mallarmé, em *Crise de vers* (1897), destacou como o ideal de "obra pura": "o desaparecimento ilocucionário do poeta, que cede iniciativa às palavras"[36].

A constatação desse fluxo autopoiético, a ser situado dentro daquilo que Julia Kristeva – no contexto de sua teorização da poética mallarmaica – denominou uma "totalidade rítmica, mas não expressiva"[37], é ponto pacífico na crítica literária holziana e constitui um parâmetro adequado para se traçar uma continuidade entre o princípio da lírica moderna na França do século XIX, a reflexão e a prática poéticas de Arno Holz desde os anos 1880 e as vanguardas literárias do início do século XX. No entanto, se *Phantasus* – como a obra mais

33 A. Holz, *Die Kunst, ihr Wesen und ihre Gesetze*, p. 33-34.
34 Idem, Idee und Gestaltung des *Phantasus*, *Die befreite deutsche Wortkunst*, p. 40.
35 Ibidem, p. 51.
36 *Œuvres complètes*, v. 2, p. 1643.
37 *La Révolution du langage poétique: L'Avant-garde à la fin du XIXe siècle – Lautréamont et Mallarmé*, p. 40.

radical de Arno Holz, ao lado da peça *Die Blechschmiede* – inaugura na Alemanha, ou não, a desreferencialização da linguagem constitutiva da poesia expressionista e dadaísta: essa questão divide a opinião dos críticos. Por um lado, atribui-se a Holz a compreensão da arte como algo autônomo ou se identifica em *Phantasus* a autonomização do material linguístico; por outro, há críticos que relativizam a autonomização da linguagem na poesia holziana.

Longe de ser ponto pacífico, essa questão pode ser redimensionada, contudo, no contexto das aporias que mobilizam a constituição de *Phantasus* como um poema-em-expansão. Assim como, segundo o que foi exposto acima, a busca da totalidade se mantém como rastro numa escrita que culmina reiteradamente na fragmentação; e assim como a projeção de um poema partitural, como notação a se realizar na leitura, se mantém gravada como resquício numa escrita que transforma a linguagem em ruído ao limite da ininteligibilidade, a busca do mais alto grau de imediatismo na codificação da realidade extralinguística culmina no ensimesmamento da linguagem, a ponto de se esboçar o rompimento do vínculo referencial. O que subjaz à indecidibilidade que permeia todos esses movimentos em fluxo e contrafluxo é a disposição de compensar a crise da linguagem com a própria linguagem, de modo que a tentativa de revertê-la necessariamente recai na revelação de seu sintoma, ou seja, sua condição deficitária como representação.

O processo de autonomização da linguagem que se insinua em *Phantasus* parte, aporeticamente, do impulso de se atingir o vínculo mais imediato possível entre a linguagem e seu "equivalente real"[38]. Isso se faz por meio de gestos verbais que deixam transparecer o que se quer dizer de modo não discursivo e não enunciativo, algo que já se notava na prática naturalista holziana do *Sekundenstil*[39]. Em *Phantasus*, a busca do vínculo imediato é menos no plano referencial do que no fisionômico-gestual. Se os vocábulos e os neologismos, por exemplo, passam a se transformar em cadeia pelo critério de variação sonora, seguindo a dinâmica dos significantes, por assim dizer, eles também se configuram pelo impulso de aderência às coisas sem recorrer à linguagem-padrão e ao léxico dicionarizado como veículo. Em vez de se recorrer aos signos de domínio coletivo, criados arbitrariamente por convenção, geram-se outras palavras, moldando-se sinestesicamente

---

38 A. Holz, *Das Werk von Arno Holz, v, 1-3: Phantasus*, p. 499.
39 Ver I. Strohschneider-Kohrs, Sprache und Wirklichkeit bei Arno Holz, *Poesie und Reflektion*, p. 314.

a matéria fônico-semântica, que acaba esboçando um vínculo aparentemente motivado com os referentes por meio de associações gestuais e fisionômicas.

A percepção dessas aporias que perpassam a concepção de linguagem poética em *Phantasus* – e que aqui são sintetizadas sob as rubricas "totalização fragmentária", "ruído da notação" e "autonomia aderente" – possibilita compreender a dinâmica específica da crise da linguagem em Arno Holz e as estratégias de reversão da mesma por meio da escrita. Sobretudo nos textos de vanguarda é a crise da linguagem que move e movimenta a escrita. Nesse sentido, traduzir um texto de vanguarda é traduzir a condição da linguagem em crise.

[...através desses pântanos fluidos...]

[...]

Durch rutschend rollend gleitenden, sich polternd glitschig spreitenden,
jedem entschieden nachdrücklichst energischen, resolut vollkräftigst durchgreifenden, robust derbfesten
[Fußfassen widerstreitenden,
sich jede Sekunde,
jeden Augenblick und Moment,
kollernd schotternd verschiebenden, stiebenden Schotter,
schwarzes,
klumpklebrig schmieriges,
von greisen, stillen, silbrig weißlichen, abseits friedlichen, selig seidigen Wollkrautwiesen verstreut inselartig
[einsam überblühtes,
blasentreibendes,
wie von hunderttausend kleinen, kühlen, quirlenden Perlquellchen geschäftigst betriebsamst
[heinzelmännchenheimlichst unterkluckertes,
klarblau den fernen, hohen, weiten, tiefen, jetzt blendend wolkendurchblitzten Himmel spiegelndes,
fließendes Morastgesümpfe
und knirschend althart liegen gebliebnen,
alle paar Schritt, paar Hupf und paar Sprung weit, klaffend durchborstnen,
durchlöchert aschgrau bimssteinfarbnen,
von nagenden, fressenden, wühlenden, spülenden, gurgelnden Rinnsalen porös netzartig unterminierten,
fußtief durchschmutzten Lawinenschnee!

149   Zielwärts!! Wärtswärts!

Die Luft weht dünn,
die beiden schon längst mit emsigst angestrengtst doppelter Lungenkraft hitzigst in mir arbeitenden
                              [Dampfmaschinen vibrieren schneller und schneller,
eine plötzlich kühl aufschauernde Brise
– Woher? Woher? Vom nächsten Zipfel! –
verklamt mir die Pratzen!

Hurtig, hurtig!! Munter, munter!! Allegro, allegro!!

Große, bunte,
in losen,
körnig schrägsteil gelagerten, pulvrig grauschwarz zermahlnen Moränenschutt,
um kantig klumpig mächtige,
rillig hartrauh rohe, wie mit Rost überwucherte Granitblöcke
und zwischen wildes,
zerrissnes,
nackt zu Tage tretendes Urgestein
sich nur noch vereinzelt, sporadischst, zähscheu wie dicke, pumplich rundkuglig geduckte Igel klemmende
                              [Polsterbüschel
aus Mannsschild, Enzian, Felsaurikeln,
Hexenbesen, Himmelsherold, Eisranunkeln und Goldhaarmoos,
über die, emsigst, geschäftigst,
samtwamstig,
wie kleine, schnackische, drollig bramstige Flügelbären,
brummelnde Hummeln tummeln;

zwischen toten, schwarzstumpf geschliffnen Hängen,
die noch berghoch über mir die tiefen, grausen, längsrings eingemahlnen Schründe fletschen,
ein zerrissen seebreit grünlich grimmer, sieben – sieben!! – Meilen langer, ab und zu dumpfaufdonnernder
[Gletscherstrom,
aus dessen meerblau abgrundtiefen Spalten
allerhand seltsamst abenteuerlichst verworrne, barbarischst gotischst verwunschne, geschwungenst
[phantastischst brückenverbundne
Münsternadeln, Kathedralspitzen und Domzacken blitzen;
unter einem strahlendst jauchzendsten Himmel aus nun wieder wie ewigstem, schauerndstem Blau,
endlich, endlich, endlich
eine sanfte, samtne, weiße, talgroß runde, hirnblendende Firnmulde,
um die, aus urweltfrühster Einsamkeit, nur noch die kühnsten, kecksten, allerhöchsten Zinken, Zinnen,
[Zacken, Schroffen und Gipfel ragen!

[…]

[...]

Através desses cascalhos em roladiço e escorregadio deslize, dissipando-se lisos e ruidosos,
esquivos a qualquer passo firmaciço, a qualquer andar decidida e enfaticamente enérgico, a qualquer pisar
[de profícua e resoluta desenvoltura,
a se deslocar a cada segundo,
a cada instante e momento,
ricocheteando seixos aos feixes,
através de negros,
pegadiços charcos viscoalhados,
insular-, solitária-, esparsamente transflorescidos por ditossedosos, tranquilongínquos, antiquíssimos prados
[de verbasco branco-prata,
efervescentes,
como se convulsionados por cem mil pequenos, frescos perlichafarizes voraginosos num afã, numa azáfama
[de furtivos Heinzelmännchen,
espelhando em claríndigo o longínquo, altivo, desmedido céu corisca-nuvens que agora ofusca fundo,
através desses pântanos fluidos,
e da rangente avalanche de neve velha, restante de antes,
rebentando em rompante após alguns passos, após alguns pulos e após alguns saltos,
perfurada em gris-cinza à cor de pedra-pome,
porosamente minada em malha por córregos roedores, devoradores, revoltos a enxaguar e gargarejar
através dessa turva neve-avalanche a pés de profundeza!

Ao alvo!! Ao ao!!

O ar areja esparso,
ambas as locomotivas ativas em mim há muito, candentíssimas, com o mais assíduo, exaurido vigor pulmonar
[reduplicado, vibram velozes e mais velozes,
uma brisa repentina, fria de arrepiar,
– de onde? de onde? do próximo pico! –
me agarra as garras!

Lépido, lépido! Hílare, hílare!! *Allegro, allegro*!!

Cresce, colore-se,
entre dispersos
detritos de moraina amalgamados granulares em aclive, triturados em fuligem negricinza,
à volta de poderosos blocos de granito, com grumos e quinas,
durásperos e rústicos em suas fissuras, como se forrados de ferrugem,
e em meio ao agreste,
dilacerado,
rochedo ancestre desnudando-se à tona,
cresce, colore-se esporádico o rijorretraído tufo avulso, esse estofo pegadiço como gordo, rolho, redondo
[ouriço encolhido,
esse feixe de andróssaces, gencianas, primaveras,
anêmonas alpinas, miosótis, ranúnculos e musgos acrocárpicos,
e acima, assíduos, azáfamos,
em veludo,
como ruidosos miniursos alados hilariamente hirsutos,
revoam zangões resmungões em turbilhões;

153
entre mortas encostas lapidadas em negro-baço,
arreganhando os dentes – colina acima, acima de mim – às horrendas fendas fundas, intracorroídas em
[círculo oblíquo,
e, ultrovejando em surdina de quando em quando, raivosa a rasgar verdejante, vastoceânica, uma avalanche
[de sete – sete!! – milhas,
de cujas fundabismais rachaduras azul-mar
coriscam os mais insólita e periculosamente difusos, os mais bárbara e goticamente assombrados, os mais
[voluteante e fantasticamente arquitraveados
cimos-basílicas, picos-matrizes, cristas-catedrais;
sob um céu irradilariante em seu recém-sempre azul-susto,
enfim, enfim, enfim,
um branco rebaixo, arredondando-se brando, aveludando-se valvasto, a cegar o cérebro,
em torno do qual culminam, de extremo protoprimevo ermo, os mais altos, altivos, altívolos cimos, pinos,
[picos, espigas e grimpas!

[...]

[...serras paralelas, semeadas de agrestes...]

[...]

Die große, längst schon heißersehnte Pamir!

Eine einzige,
grandiose,
gigantischst gattrigst grimm komplexe, konkav konvexe, zirkumflexe,
von immer wieder wirr, tiefst unter mir, neu eingeschnittnen Schluchten, Schlüften, Klammen, Klüften,
[Hohlschlünden und Flusstälern,
sich kreuzenden Kämmen, Querstöcken, Längsgraten und Parallelketten durchsperrangelte,
mit wilden, grünen,
noch durch keine hässlich plumpe, eitel nichtig ekle, lächerlich freche Menschenpygmäerei entweihten
Hochwäldern, Hochsteppen und Hochseeen übersäte,
wie chaotisch verrücktst kunterbunt durcheinandergewirbelte,
zerknirbelte, verzwirbelte,
überwältigendst niederschmetterndst hinreißende, hinschmeißende, hinkreißende,
hinwetternde, hinschmetternde
Gebirgsveste!

155

Ich öle
meine Siebenundsiebzigmeilenstiefel!

Neunzig Kilometer abi, neunzig wieder nuffi! Neunzig . . .

Presto!! Presto!!

[...]

[...]

Imensa Pamir, pretendida desde sempre!

Única,
vultosa,
tão gigante-, gradeada-, agastadamente complexa, concaviconvexa, circunflexa,
translacerada por confusas, profundas, sulcadas gargantas, angusturas, fissuras, frinchas, ravinas e várzeas
[fluviais,
por entrecruzantes cumeadas, vigas de viés, longíssimas longitudes e serras paralelas,
semeadas de agrestes
jamais profanados por nenhum nanismo humano risivelmente inimizante, em sua tosca torpeza, repulsivo
[de tão arrogante e irrisório,
e de verdes florestas, estepes e lagunas de altitude e tanto,
em seu caoticolorido e louco enrosco,
intrincada, inextricável,
prodigiosamente desprenhada, tremendamente arrebatante e arremessante,
retumbante, retininte, revituperante
cordilheira!

156

Engraxo
minha bota de setenta-e-sete-léguas!

Noventa quilômetros arriba, noventa ladeira abaixo! Noventa . . .

Presto!! *Presto*!!

[...]

Phantasus **em Traduções** (1915 a 2015)

Com

o *work in progress Phantasus*, Arno Holz dizia ter escrito seu epitáfio[1]. De fato, se o público leitor da poesia holziana foi bem mais escasso do que ele desejava, as iniciativas de tradução de sua obra para outras línguas se mostraram ainda mais raras. O *Phantasus*, depreciado como "Elephantasus" pelos contemporâneos de Holz, é de difícil leitura. Isso se deve, em parte, à extensão e ao fluxo verbal do livro-poema, crescentemente ampliado pela enumeração de vocábulos, que apagou gradativamente o fio condutor sintático sempre presente nos versos holzianos e, consequentemente, alenta a fluência da leitura. A tendência de compressão lexical da obra, por sua vez, também contribui para tornar sua leitura um processo de atenta decodificação. Nas traduções de *Phantasus*, esses também constituem desafios centrais. Além disso, o posicionamento teórico-literário de Holz nos escritos acerca de *Phantasus*, sobretudo a sua reflexão em torno do conceito de ritmo, acabou gerando mais um foco de difusão, e não de clareza, para os tradutores da obra.

Durante um século, de 1915 a 2015, (fragmentos de) diferentes edições de *Phantasus* foram traduzidos para apenas cinco línguas: francês, inglês, italiano, polonês e português, até onde se pôde apurar[2]:

---

1   A. Holz, *Die Kunst, ihr Wesen und ihre Gesetze*, p. 8.

2   O comentário deixa de contemplar apenas a tradução para o polonês (A. Holz, *Phantasus / Fantazus*, trad. Krzysztof Szatrawski, Kętrzyn: Stowarzyszenie im. Arno Holza dla Porozumienia Polsko-Niemieckiego, 2013), por nosso desconhecimento do idioma.

161

- *Phantasus* 1898-1899

1. "Before My Window" e "The Sun Was Sinking": dois poemas traduzidos para o inglês por Alec W.G. Randall e publicados na revista *The Egoist*.

2. *"Phantasus" de Arno Holz*: única tradução francesa integral da primeira edição em livro de *Phantasus*, por Huguette Radrizzani e René Radrizzani (2001).

3. *Phantasus*: tradução para o italiano por Donatella Casarini e Enzo Minarelli.

- *Phantasus* 1916

1. "On a Montain of Sugar Candy": poema traduzido para o inglês por Babette Deutsch e Avrahm Yarmolinsky e publicado na revista *Poetry*.

2. *Phantasus* I, 8; *Phantasus* III, 25; *Phantasus* IV, 4; *Phantasus* VI, 3; *Phantasus* IV, 14; *Phantasus* VI, 20; *Phantasus* VII, 3; *Phantasus* VII, 12: oito poemas traduzidos para o inglês por Babette Deutsch e Avrahm Yarmolinsky e publicados numa antologia de poesia contemporânea alemã[3].

3. "Lá Fora as Dunas" e "Sou uma Estrela": dois poemas traduzidos para o português por Augusto de Campos, em *Irmãos Germanos* (1992).

Todas essas traduções do *Phantasus* 1916 têm como originais poemas breves que apresentam alterações pouco significativas em relação à edição de 1898-1899.

---

3 Ver B. Deutsch; A. Yarmolinsky (ed. and trans.), *Contemporary German Poetry*.

- *Phantasus* 1925

1. "Noite de Lua": poema traduzido por Haroldo de Campos e publicado em jornal em 1962[4].

2. "Marinha barroca": poema traduzido por Augusto de Campos e Haroldo de Campos e publicado em jornal em 1962[5].

3. Uma antologia de 2015 traduzida para o italiano por Donatella Casarini e Enzo Minarelli chamada *L'Altro Phantasus*.

- *Phantasus* 1961

1. "Self-Assured Upbeat", "Birth and Baptism", "Purzmalunder", "Pain" e "Dying Away": cinco poemas traduzidos para o inglês por David Dodd, publicados *on-line* em 1996 e revisados em 1999.

De todas as traduções aqui listadas, as de Augusto e Haroldo de Campos são nitidamente as que mais enfatizam o reflexo da crise moderna da linguagem na poética de *Phantasus*, como se pode verificar pelo cotejo das traduções segundo três parâmetros fundamentais para a dinâmica do grande poema holziano: o tratamento da estrutura rítmico-acentual, o duplo contínuo de frase e verso, bem como a síntese e proliferação verbais.

TRATAMENTO DA ESTRUTURA RÍTMICO-ACENTUAL

A poesia de *Phantasus*, independentemente de que edição tenha sido extraído o original, costuma ser traduzida como verso livre, sem que se atente ao número de sílabas dos versos em alemão. Isso se aplica a todos os tradutores mencionados. Algo, no entanto, algo distingue as traduções de Deutsch/Yarmolinsky (1922-1925)

---

[4] No Suplemento Literário de *O Estado de S. Paulo*, em 10 de março e 12 de maio de 1962, depois republicado em *O Arco-Íris Branco*, 1997.
[5] Ibidem.

e as dos irmãos Campos (1962-1992) das demais: aquelas tendem a manter o mesmo número de acentos prosódicos por verso constatado no poema alemão. Ao que tudo indica, não se trata de uma regra preestabelecida pelos tradutores, pois não é sempre que se corresponde ao número exato de acentos prosódicos. O que diferencia essas traduções das demais é o compromisso de seguir o poema holziano do modo mais próximo possível quanto à sintaxe e à divisão do texto em versos. Como consequência disso, e também em decorrência da maior proximidade entre o inglês e o alemão em nível lexical, as traduções de Deutsch/Yarmolinsky tendem a demonstrar maior correspondência com o original alemão na estrutura prosódico-acentual[6]. As traduções de Augusto e Haroldo de Campos, por sua vez, se empenham nitidamente em não estender o poema; ao contrário, elas o condensam sempre que possível. O fato de os tradutores brasileiros recriarem as palavras compostas por meio do mesmo procedimento aglutinativo utilizado por Holz poupa-os de ter que recorrer a sintagmas explicativos que inevitavelmente tornariam o texto mais discursivo e modificariam a estrutura de ênfase prosódica.

Mesmo não parecendo ser uma regra apriorística dos tradutores mencionados, como já foi dito, a tendência de seguir o número de acentos prosódicos do original faz jus à prática dos "ritmos livres" (*freie Rhythmen*)[7], que caracteriza o primeiro *Phantasus* 1898-1899. De fato, à parte "Barocke Marine" e "Noite de Lua", as traduções

---

6　Geralmente as diferenças ocorrem em versos nos quais figuram, no original, palavras compostas por aglutinação. Em alemão, essas combinações lexicais tendem a ter um acento principal e um secundário (*weiße Lilienwälder* [*Ph* IV, 4]; *Glasscherben, Liebigbüchse* [*Ph* VI, 12]; *Milchstraße* [*Ph* VI, 20]; *Planetensysteme, Ursonnen* [*Ph* VII, 3]; *Garbengold, Nebelsee* [*Ph* VII, 12]): ao decompor os vocábulos constituídos por aglutinação em sintagmas nominais, a tradução geralmente acrescenta ao verso um ou mais acentos principais (*fields of white lilies* [*Ph* IV, 4]; *shards of glass, jar of Liebig extract* [*Ph* VI, 12]; *Milky Way* [*Ph* VI, 20]; *planetary systems, primeval suns* [*Ph* VII, 3]; *golden sheaf, lake of mist* [*Ph* VII, 12]). O mesmo tende a ocorrer no caso da presença de diminutivos no verso (*Fensterchen* [*Ph* I, 8] → *little windows* [*Ph* I, 8]) ou de preposições ou conjunções com acentos marcadamente tônicos em inglês (*about, beneath, because, beyond*). De modo geral, no entanto, a tradução de Deutsch e Yarmolinsky é a que mais se aproxima do ritmo original dos poemas, o que em parte também se deve ao deliberado empenho dos tradutores em recuperar o padrão rítmico dos versos. Esse empenho se reconhece especialmente nos casos em que o ritmo é reproduzido apesar das alterações frasais ("Ich reite wie aus Erz." → "I ride, a man of bronze." [*Ph* IV, 4]). A preocupação formal dos tradutores se confirma no fato de a única rima nos poemas de Holz selecionados para a antologia estadunidense ter sido recuperada na tradução ("Soll ich … das Weltnichts … umkonstruieren? / Soll ich … das Ganze… annullieren?" → "Shall I … reconstruct … the World-Naught? … / Shall I … annul … the Whole that I wrought?" [*Ph* VI, 3]).

7　A tradição dos ritmos livres remonta a testemunhos poéticos germânicos em alto alemão antigo, tendo sido, contudo, reincorporada ao repertório poético do alemão moderno a partir de meados do século XVIII, com Friedrich Gottlieb Klopstock (1724-1803). Para um ▶

feitas por Augusto, Haroldo e Deutsch / Yarmolinsky têm como original poemas do *Phantasus* 1898-1899 republicados, com poucas modificações, na edição de 1916. Trata-se de poemas que deixam transparecer o estrato da primeira versão, caracterizada por um verso ainda comprometido com uma regularidade de duração.

Em contraste a isso, as traduções de Alex W.G. Randall, por exemplo, se distanciam bastante da estrutura prosódica do poema alemão por não elegerem a concisão como um parâmetro tradutório („Was ich als Kind besass" / "Of the things I had when I was a child"[8]: nesse exemplo, além de optar pela prolixidade, a tradução não atenta para o padrão binário iâmbico da frase). O mesmo se poderia dizer da tradução dos Radrizzani para o francês, que se revela mais explicativa do que recriativa da malha sintática e fônica do *Phantasus* alemão (um exemplo disso seria „Eins kuckt durch" / "L'un d'eux regarde ce qu'il y a derrière"; Huguette Radrizzani e René Radrizzani[9]). Essa também é a tendência dos italianos Enzo Minarelli e Donatella Casarini, cuja tradução do *Phantasus* 1898-1899 não demonstra interesse por uma correspondência rítmica com o poema de Holz. Além de ignorar o número de sílabas e de acentos em *Phantasus*, os tradutores tornam o poema mais prolixo, ao transformar adjuntos adnominais em orações relativas („ein lachender Frühlingshimmel" / "un cielo di primavera che mi sorride"[10]) e transformar sintagmas nominais em frases („Zwischen Bergen in Sonnenschein" / "Tra i monti quando il sole è alto"[11]). Da mesma forma, a tendência de converter estruturas paratáticas em hipotáticas e de preencher estruturas elípticas („Herr Gott, Frühling!" / "Signore Iddio, è arrivata la primavera!"[12]) modifica de modo significativo a prosódia de cortes rápidos de muitos poemas do *Phantasus* 1898-1899.

As traduções que não se empenham em seguir critérios de reelaboração da estrutura rítmico-sonora de *Phantasus* tendem a acentuar um prosaísmo que Arno Holz via em Walt Whitman e com o qual não queria ser identificado. Observa-se que as traduções que tendem a apagar a diferença entre verso e prosa também negligenciam

▷ panorama sobre o surgimento e propagação dos "ritmos livres" na literatura alemã e seu uso por Arno Holz, ver S. Homem de Mello, *O "Phantasus" de Arno Holz e a Tradução de Poesia de Vanguarda*, p. 102-121.

8   A. Holz, fragmento de *Phantasus*, traduzido por Alec W.G. Randall, na revista *The Egoist*, n. 11, v. II, p. 173.

9   Na tradução publicada em 2001, p. xx.

10   Idem, *Phantasus*, a cura di e trad. Donatella Casarini e Enzo Minarelli, p. 26-27.

11   Ibidem, p. 44-45.

12   Ibidem, p. 28-29.

165 importantes aspectos poéticos de *Phantasus*. Ao adotarem a sequência sintática padrão (sujeito + verbo + complemento), acabam não reproduzindo as inversões do original e anulando sua estrutura sintática de adiamento (Randall; Radrizzani). Também diluem aglutinações verbais em sintagmas explicativos (Radrizzani) ou ignoram a subdivisão do poema em estrofes (Randall), além de minimizarem outros fatores de densidade poética, como a potencialização da característica aglutinativa da língua alemã, os neologismos e as palavras compostas, a textura sonora e o caráter sintético dos poemas, entre outros (Randall; Radrizzani; Dodd).

A adoção do verso livre, quando combinada à não observação de qualquer critério que possa evocar o ritmo de *Phantasus*, tem consequências especialmente significativas para as traduções do *Phantasus* 1898-1899 ou de poemas dessa versão que foram republicados com poucas alterações em edições posteriores. A tendência de se traduzirem poemas ou fragmentos da obra indistintamente em verso livre pode levar a uma compreensão limitada de sua singularidade em fases distintas.

DUPLO CONTÍNUO DE FRASE E VERSO

Um elemento poético de *Phantasus* que ocasiona divergências de posturas entre os tradutores é o "duplo contínuo"[13] de frase e verso no poema. Embora fundamental em todas as edições, a tensão ou a discrepância entre os ritmos sintático e versificatório se torna mais relevante nas versões de fluxo verbal mais intenso, a partir da edição de 1916. Na edição de 1898-1899, bem como nos poemas do *Phantasus* 1916 que revelam vestígios da anterior, os cortes de versos geralmente correspondem a pausas sintático-prosódicas – um traço que volta a aparecer gradativamente no livro a partir de 1925. Nos textos publicados pela primeira vez na edição de 1916 e expandidos em edições posteriores, o conflito entre os ritmos do duplo contínuo é fundamental na constituição do poema.

---

13 O conceito de "duplo contínuo" (*doppeltes Continuum*) é derivado do poeta e ensaísta Friedrich Georg Jünger: "A frase é o único contínuo que [a prosa] tem que observar. O poema, contudo, tem um duplo contínuo, pois consiste não apenas de frases, mas também de versos. Frase e verso estão juntos e querem ser considerados conjuntamente." (*Rhythmus und Sprache im deutschen Gedicht*, p. 11.)

A relevância poética do duplo contínuo em *Phantasus* reside na criação de frentes de tensão entre a continuidade sintática e a ruptura do verso. O uso extensivo do *enjambement* nas edições a partir de 1916, com longas frases estendendo-se por diversas dezenas de versos, tende a dificultar a apreensão de uma lógica sintática durante a leitura. O corte dos versos, por sua vez, pode agregar sintagmas dotados de uma coesão perceptível ou romper o fluxo verbal em pontos de pouca relevância para uma estruturação lógico-sintática. Esse traço é levado às últimas consequências na edição de 1916. Por outro lado, as versões anteriores e posteriores a 1916, nas quais a divisão de versos tende, em maior ou menor medida, a coincidir com limites ou pausas intrafrasais, enfatizam o fim do verso como momento nítido de silêncio. De modo geral, as discrepâncias entre frase e verso em *Phantasus* geram uma tensão entre os impulsos de fazer o *crescendo* verbal avançar e de detê-lo por meio de pausas.

Paralelamente a isso, a extensão das frases *ad absurdum* leva o leitor de *Phantasus*, a partir de 1916, a buscar outros pontos de apoio que não os sintáticos. Diante da iminente perda do fio condutor lógico-frasal, a leitura passa a se ater à sequência de núcleos lexicais ou semantemas ao longo do verso, de modo que a cronologia das imagens no poema chega a ganhar uma importância maior do que a lógica sintática. As crescentes enumerações de palavras e a recorrente inversão sintática, por impulsionarem um contínuo adiamento de elementos-chave para a compreensão da frase, tornam a leitura de *Phantasus* um ato de decifração, intensificando o suspense. Se a tradução quiser criar um mecanismo de adiamento análogo, a definir o ritmo de progressão do poema e de desdobramento das imagens e cenas, terá que se posicionar em relação à reconstituição da ordem sintática em seu idioma.

Outro aspecto de *Phantasus* relacionado ao anterior e diferentemente abordado pelos tradutores é a complexidade da relação entre núcleo e atributos dentro de sintagmas nominais. A proliferação enumerativa de advérbios antes de adjetivos e de adjetivos antes de substantivos leva, no texto holziano, a uma estratificação com implicações semânticas muitas vezes imprevistas. Considerando que a proliferação de vocábulos de uma mesma classe gramatical muitas vezes segue critérios estritamente sonoros, não é raro a enumeração resultar em sintagmas inconsistentes do ponto de vista lógico. Nas traduções de *Phantasus*, diversificam-se as soluções para essas sequências enumerativas, não sendo incomum a linearização da estratificação sintática.

Os parâmetros acima esboçados nem sempre são levados em conta nas traduções de *Phantasus*. A tradução francesa da edição de 1898 (Huguette Radrizzani e René Radrizzani, 2001) reformula a ordem das frases que se prolongam em *enjambement* e desloca elementos sintáticos de verso para verso, revertendo as inversões enfáticas presentes no poema em alemão. Dessa forma, nem sempre observa a ordem da aparição das imagens no verso ou na estrofe, atenuando o mecanismo de suspense do poema.

Essas tendências se tornam ainda mais nítidas na tradução de poemas e fragmentos da edição póstuma de *Phantasus* (1961) por David Dodd (1996-1999). Aqui a reconstituição da ordem sintática em inglês pelo tradutor implica o deslocamento de blocos inteiros de versos, sendo que a normalização da sintaxe ocorre em detrimento do suspense e do adiamento das chaves de compreeensão da frase.

As traduções italianas do *Phantasus* 1898-1899, realizadas por Minarelli e Casarini, em 2008, e da versão de 1925 (feita apenas por Enzo Minarelli e publicada em 2015) lidam de modos diferentes com o duplo contínuo de frase e verso. Enquanto a primeira revela mudanças no número de linhas e inversão da posição dos versos, sobretudo para alcançar uma ordem sintática direta, ausente no original, a segunda geralmente segue o sequenciamento de linhas e de imagens do poema em alemão, mesmo que muitas vezes isso ocorra a contrapelo da sintaxe italiana:

> Era / uma meraviglia: // dal coloratissimo, garbatissimo, / ancor / com foglie di rugiada, ancor com gocce fulgide di rugiada, ancor com perle di ruggiada / verdine un po'scurette ma lucide, / riverbero d'aria, lucore di roccia, fulgore di fuoco, / al / centro / nel fresco ombreggiante, coperto di viti rampicanti / padiglione del giardino / rose![14]

> Wie wunderbar: // Aus tiefsattem, köstlichstem, / noch / taublätterigen, noch tauleuchttropfigem, noch tauglizerigem / Dunkelglanzgrün, / flimmernd, schimmernd, glimmernd, mitten / im / schattenkühlen, ebenerdigen, weinrebeumkletterhangenen / Gartenhausraum, / Rosen![15]

14   A. Holz, *L'Altro Phantasus*, tradução de Enzo Minarelli e Donatella Casarini, p. 32.
15   Idem, *Das Werk von Arno Holz, v. 1, 2, 3: Phantasus*, p. 29.

Enquanto o original holziano, repleto de interpolações, tem uma estrutura sintática sem cortes, o fraseado de Minarelli – diretamente decalcado do alemão – rompe a unidade da oração, configurando-se de modo fragmentário e entrecortado. A opção pela literalidade, no caso, ocorre em detrimento do fluxo sintático de *Phantasus*, gerando um estranhamento avesso ao programa estético holziano, além de intensificar a elaboração literária. As traduções dos irmãos Campos, por sua vez, tendem a adotar uma ordem sintática não marcada em português, nem sempre seguindo as inversões do poema holziano („Lautlos fliegt ein Falter" / "A borboleta voa em silêncio"[16]). Por outro lado, nota-se um empenho de criar no verso, quando relevante, uma sequência de semantemas análoga ao original, mesmo sob alteração sintático-semântica („Selig silbern blitzt Busch und Gras" / "Um prata álacre raia relva e arbusto"[17]; „Traumsüss flötend, schluchzend, jubelnd" / "Flauta sonho-suave soluçando, jubilando"[18]).

SÍNTESE E PROLIFERAÇÃO VERBAIS

Conforme se abordou antes, à vertente de inflacionamento verbal que aumenta a cada edição de *Phantasus* se contrapõe a tendência igualmente crescente de compressão lexical, que culmina na formação de palavras compostas e de aglutinações de palavras pertencentes a classes gramaticais cada vez mais distintas. A tensão entre essas duas vertentes, essencial para a dinâmica de um poema escrito no contexto da crise da linguagem na virada do século XIX para o XX, é tratada pelas traduções de maneira distinta.

Os momentos de condensação são raros na tradução de Radrizzani, mais afeita às paráfrases explicativas do que à recriação verbal. Uma das consequências disso é que os versos tendem a ser mais prolixos do que no *Phantasus* original. A isso se soma a opção dos tradutores em eliminar as marcas de estranheza de linguagem, sobretudo em caso de neologismos („muschelempor" / "dans un coquillage"; „tränenbleich" / "pâle,

16 Idem, Marinha Barroca, em H, de Campos, *O Arco-Íris Branco*, p. 83.
17 Ibidem.
18 Ibidem.

169

en larmes"; „Öldrucknymphe" / "un chromo représentant une nymphe"). A desatenção dos tradutores em relação a esses procedimentos de intensificação poética de Holz também se estende para os efeitos sonoros do poema, geralmente ignorados na tradução („Strample, stosse, schäume, schreie, schlage" / "J'écume, je gigote, crie et me débats furieusement").

Nesse ponto, a tradução de David Dodd também se assemelha à de Radrizzani, embora o grau de inventividade vocabular da edição póstuma do *Phantasus*, versão traduzida por Dodd, seja superior ao da primeira versão da obra, traduzida por Radrizzani. Mesmo assim, Dodd opta por decompor palavras compostas em sintagmas explicativos[19].

Em sua tradução de fragmentos do *Phantasus* 1925, Minarelli geralmente converte as palavras compostas em perífrases, estabelecendo relações lógico-sintáticas mais específicas entre os semantemas que estão apenas justapostos no original. Uma cor denominada „dunkelglanzgrün" por Holz se traduz como "verdine un po' scurette ma lucide"[20], uma solução que restringe a expressividade sensorial do termo original. Outros exemplos disso seriam „sanftrosaknospend" / "boccioli sfumanti in rosa"[21] ou „wie das herzduftete! Ah... wie das seelendurchfrohte!" / "profumo che fende il suore! ... Ah... allegria che fora l'animo!"[22]. Na tradução italiana do *Phantasus* 1898-1899, uma versão da obra menos inventiva do ponto de vista lexical, a tendência de traduzir palavras compostas alemãs de modo perifrástico ou explicativo já era perceptível.

Já os irmãos Campos, nas poucas e representativas traduções que publicaram de Holz, resgatam o potencial de inventividade verbal do poeta alemão, motivo pelo qual já o haviam incluído no "paideuma" da poesia concreta. Os procedimentos de condensação em suas traduções de Holz são múltiplos. Com exceção da

---

19 Citem-se aqui alguns exemplos das paráfrases explicativas de David Dodd: „blumenblätternarbig" → "scarry like flower-leaves"; „goldpfeilfädenstäubig" → "dusty like golden arrow threads"; „vierstöckig, vortreppenstufig" → "with four stories and so many front steps"; „spitzgiebelig, doppeldachig" → "with sharp gables and a double roof"; „entgöttert, entmärchenzaubert, entromantikt" → "lacking the divine, the fairy-tale magic, the romance"; „kaltkaufmännisch" → "cold and business-like"; „schwergroß" → "big, heavy"; „spinnwebstaubig" → "dusty with cobwebs"; „blankklöppelig" → "a polished clapper"; „schutzschindelschrägdach" → "slanted shingle roof"; „grau bezylindert" → "with a gray top-hat"; „allerblaugoldigst" → "most golden blue"; „großsperrangelweitaugenauf" → "eyes open wide"; „tränenbleich" → "pale with tears".

20 A Holz, *L'Altro Phantasus*, p. 32.

21 Ibidem, p. 30, 33.

22 Ibidem, p. 30-33.

abertura para justaposição paratática ausente na sintaxe original („Hinter den blühenden Apfelbaumzweigen" / "atrás dos ramos em flor macieiras"), os demais têm uma correspondência precisa no original. Em vez das paráfrases explicativas às quais recorrem os outros tradutores, criam-se palavras compostas („traumsüß" / "sonho-suave"). Os neologismos recriados pelos irmãos Campos, sobretudo no poema traduzido em conjunto por ambos ("Marinha Barroca"), revelam um grau de estranheza e de hibridez análogo ao dos neologismos alemães, sendo, em parte, bastante próximos da letra do original. Os tipos de aglutinação verbal são tão diversos como no texto holziano de 1925[23]. Além do empenho em criar uma correlação com o original, como nas formações neologísticas, os irmãos Campos elaboram uma estrutura sonora própria da tradução. Isso contribui para a elevação da intensidade poética do texto, como é o caso da criação de paralelismos sonoros entre as estrofes, em "Mondabend / Noite de Lua", inexistentes no poema em alemão ("a lua / sobe" = "sua luz /recorta no saibro"; "confins faíscam" = "o vale esvaece").

Arno Holz não deixa de ter razão por ter dito que, com *Phantasus*, teria escrito seu epitáfio, pois o seu poema *non-plus-ultra*, que, em sua obsessiva voracidade verbal e em sua alucinante febre de detalhamento, se tornou inapreensível em diversos níveis, foi condenado a um limbo do qual nunca saiu de fato, nem na Alemanha, nem em outros países – a não ser pelos poucos e decisivos recortes trazidos à luz pela tradução--arte de Augusto de Campos e pela transcriação de Haroldo de Campos. Nesse sentido, pode-se dizer que foi em português do Brasil que o *Phantasus* holziano teve sinais nítidos de "sobrevida", como diria Haroldo via Walter Benjamin. Sem essa transmissão, a presente tradução certamente não existiria.

23 No poema "Marinha Barroca", registram-se os seguintes modelos de aglutinação: SUBST + ADJ: uso prefixal do substantivo: jubilogritantes, relinchoempinantes; justaposição de palavras inteiras: esturjãocaudulantes, conchaexcelsa, facesplácidas, coralradiante, cavernapúrpura; fusão verbal: focarregaladas, magicrepúscula, rabisbaixas. ADJ + ADJ: uso prefixal do primeiro adjetivo: alacreberrantes; fusão de palavras: lubrigargalhante, borbilhantes. VERB + VERB: uso prefixal do primeiro verbo: grunhesponjando-se, voltevolteando-se. PREFIX + VERB: retrolançando-se. LOC NOM + VERB: mãos-em-concha-rugindo, mãos-em-concha- clamando, mãos-em-concha-ululando; SUBST + SUBST: barrigatráquio, ambarrelâmpago. ADJ + SUBST: frivoluteio. NUM + SUBST: dozepotrancas. SUBST + ADJ + ADJ: algaverdecomados, nadiresfolfúlgidos, ursohirsutouriçadas. SUBST + SUBST + ADJ (elementos anteriores especificam os posteriores): escamiventreprateados, nadimergulímpidos, elefantrombeijantes. SUBST + SUBST + ADJ (elementos posteriores especificam os anteriores): murosmadreperlisos, páspatasremantes, bocarrabarbizarra. SUBST + VERB + VER: nadibufsoprando. SUBST + ADJ + SUBST: búziocôncavastrompas, delfimbrilhantesbarbatanas. SUBST + SUBST + SUBST: rotundipolpibunda. SUBST + SUBST + ADJ + ADJ: leocrinagotejubilantes. Ou mais elementos: cachalotecachaçografxogrossinchantes, rubisonholuscofaiscarbúncula. Formação por tmese: desvistapareço.

[...uma topografia todavia nem tão fidedigna...]

[...]

Auf dem vereisten Kisil-Yard,
das Gesicht nach Lhassa,
dem ein und einzigen,
ungefähr gut querfoliogroßen,
mit vier Reißnägeln gegen meine Wand gepinnten,
altehrwürdigst handkolorierten,
wenn allerdings auch vielleicht, topographisch, nicht grade eben allzu zuverlässigen Kupferstich
voller ragend riesenhaft lackrot goldkuppliger Paläste,
steiler, kletternder Klostertempel und stolzer, hochzinnig wolkenumbrandeter Turmterrassen,
umbrämt von grausig bunten Wappen,
prunkend pittoresken Insignien und allerhand zutraulich naivem Fabelgeziefer,
den ich mir mal, in irgend einer Anwandlung, bei irgend einem Antiquar, oder auf irgend einer Auktion,
ich glaube für Zwei Mark Fünfzig, käuflich erstanden habe,
taue ich mir mit einem doppelt gepfefferten Cherry-Brandypunsch,
den ich durch einen kleinen, vernickelten Spirituskocher,
der für solche und ähnliche Fälle,
Klemmen, Dilemmen, Patschen, Krisen, Modalitäten und Notlagen,
auf einem dreibeinig niedlichen Wiener Tischchen
neben meiner zwar kleinen, aber äußerst auserwählten,
außer aus Bautz: „Der Himmel", Bautz: „Die Hölle",

173

nur noch aus dreizehn Bänden Brockhaus Achtzehnhundertunddreiunddreißig bestehenden „Bibliothek",
wie schon immer so auch heute, vorsorglichst parat und bereit steht,
in die für diesen feierlichen Moment aber auch ganz und gar absolut unbedingt zweifellos nötige Temperatur
[verseht habe,
meine gefrornen Eingeweide wieder auf!

[...]

[...]

Sobre o glacial Kizil,
o olhar para Lassa,
para a única e una gravura,
em formato de fólio oblongo ou quase,
pregada à minha parede com quatro tachas,
pristinantiga, colorida à mão,
esta metalogravura de uma topografia todavia nem tão fidedigna,
repleta de proeminentes e colossais palácios esmaltescarlates, auricupulares,
de monastemplos alcantíngremes e de altivos torreterraços nubirrevoltos com seus altos pináculos
circumparamentados com brasões horrificoloridos,
com nababescas, pitorescas insígnias e todo tipo de crédulo e incauto fabulobestiário,
uma gravura que certa vez me ocorreu adquirir em um antiquário ou leilão qualquer,
comprada, creio eu, por dois marcos e cinquenta,
cá estou eu me degelando com uma picante dose dupla de ponche de brandy de cereja,
já pronto em um pequeno aquecedor de conhaque, todo niquelado,
sempre a postos para casos como este ou similares,
para quaisquer apertos, dilemas, becos-sem-saída, crises, eventualidades e emergências,
sobre uma fina e exígua mesinha vienense de três pés,
ao lado da minha diminuta, mas tão seleta "biblioteca", que,
além de Bautz: *O Céu*, Bautz: *O Inferno*,

175 consiste apenas de treze volumes da enciclopédia Brockhaus mil-oitocentos-e-trinta-e-três –
como sempre e também hoje providencialmente pronto e a postos,
de modo a se poder aquecê-lo à temperatura plena-, absoluta-, incondicional- e indubitavelmente indispensável
[para este insigne instante,
e eu aqui degelando as minhas vísceras congeladas!

[...]

[...seus vórtices em meio ao silêncio insonoro...]

[...]

Ab
Kaschgar
die Sache wird mir sonst zu langweilig,
– das Leben rinnt, die teuren, kostbaren Minuten rollen! –
in einem eigens dazu hierherbeorderten Zeppelin,
– da, mitten oben in meiner geflickten Kalkdecke, ganz deutlich! –
laufende Nummer Fünfzig, „Mors Imperator", Hoch die deutsche Luftseeflotte,
an Seine Majestät, allerehrerbietigst, in solchen Fällen unerlässlich,
wird sofort ein entsprechend informierendes, alleruntertänigst ersterbendes Huldigungstelegramm abgefunkt,
in der bescheidenen Höhe von nur fünfhundert Metern,
– unter mir, im Tarim und im Lob-nor, spiegelt sich unsre stattlichst fürstlichst feierlichst feuervergoldete
[Aluminiumgondel,
das keineswegs spärliche Vorkommen von allerhand graugrün spitzstachligen Salsolaceen,
selbst auf dem dürftigsten, trostlosesten Sand- und Kiesgrund, wird mit einer gewissen Genugtuung konstatiert,
den vor unserm wirbelnd sich durch die sonst lautlose Stille donnernden Propellerradau wie rasend
[dahinstürmenden, wilden Kameelen
kann ich in aller Bequemlichkeit, Gemächlichkeit und Gemütsruhe mitten zwischen die beiden Höcker
[spucken! –
überquere ich die Wüste Ghobi.

Ode, lange,
wellig schmutzgrau unabsehbar schuttbedeckte Hügelketten,
flache, fahle, wie verbrannte, mephitisch fleckig faulgelb austrocknende Schilfsümpfe,
Salztennen,
karge, dürre, dornig magre, reisig strauchig blattlos kümmerliche Saxaulsteppen
und glühe, kahle, kammspitz schmale, seltsam muschlig krisslich halbmondförmig wandernde Staubdünen!

Ab und zu,
an fast schon verwehtem, längst schon verlassnem, kaum noch erkennbarem Karawanenpfad,
ein verwitternd verwahrlost rundtief verfallner Brunnen,
mit übersandeten Mauern, zerborstnen, bröckelnden Torpfosten und gestürzten Steintrümmern, eine
[verloren verwüstet vergessen uralt einsam
[versinkende Ruinenstätte
und, bleichend, grinsend, kreideweiß,
dörrend modernd wegwärts hingestreute Gerippe, Knochen und Schädelreste!

[...]

· · · · · · ·

[...]

De
Kashgar
senão ainda morro de tédio,
– a vida escorre, os caros, valiosos minutos correm! –
parto em um zepelim aparatado para tal,
– lá em cima, nítido, bem ali no meio do meu teto de estuque remendado! –
número sequencial: cinquenta, "Mors Imperator", salve a frota aérea alemã;
envia-se à Sua Majestade, com toda a reverência que se requer em tais circunstâncias,
envia-se de imediato, em tributo, um telegrama devidamente informativo, morto de mesuras,
da modesta altitude de parcos quinhentos metros
– sob mim, no Tarim e no Lop-Nor, espelha-se a nossa
[imponente, principesca, soberba gôndola
[brasidourada de alumínio –;
constata-se, com certa satisfação, a incorrência nada rara de todo tipo de salsolas espicacespinhosas cinza-verde,
mesmo no mais escasso e assolado solo arenoso ou sobre cascalho;
e quanto aos camelos no ermo, amotinando-se em disparada sob o estrépito estrondoso da nossa hélice e
[seus vórtices em meio ao silêncio insonoro:
consigo cuspir entre suas duas corcovas, com todo sossego, moroso e sereno! –
e assim atravesso o deserto de Gobi.

Inóspitas, extensas
cadeias de colinas cobertas por pedregulho, ondulando turvicinzas, imprevisíveis,
planos, pálidos paludes de junco, como carborizados, ressequindo-se mefíticos em nódoas de um ocre pútrido,
salinas,
estepes secas, espinhentas, escassas, esquálidas de arbústeo, brenhoso e parco saxaul esfolhado,
e candentes dunas desnudas afilando-se esguias, seu insólito pó migrando em meias-luas, búzios, fissuras!

De quando em quando,
em veredas de caravanas já tresventadas, há muito desertas, quase desfiguradas,
um esquecido poço circunfundo, erodindo em ruínas,
muros sob areia, pilares de portais ruindo rebentriturados e escombros rochosos em tombo, antiquíssimas
[e solitárias ruínas submergindo devastadas,
[deslembradas,
e ali, esbranquiçando-se aos risos, cor-de-giz,
a secarem putrefatos, restos de crânio, ossos e esqueletos alastrando-se trilha afora!

[...]

. . . .

Um Projeto Tradutório Para Phantasus (1916)

A presente proposta de tradução do *Phantasus* 1916 difere das outras, em primeiro lugar, quanto à escolha de textos. Diante da dificuldade de se recortar e se antologizar um poema em grande parte contínuo a partir de 1916, a escolha de tradutores e antologistas geralmente recai sobre a edição anterior, de 1898-1899, composta por cem poemas isolados, ou sobre os poemas dessa edição republicados e apenas levemente alterados em edições posteriores. A seleção de textos para esta tradução também inclui poemas delimitados, mas se concentra sobretudo em fragmentos de seções mais extensas do *Phantasus* 1916.

Em sua "monumentalidade aditiva"[1], o *Phantasus* 1916 se caracteriza não apenas pela longa extensão das frases, mas também pela grande extensibilidade dos versos, que podem variar de uma até mais de cinquenta sílabas, graças ao formato superdimensionado do livro. Evidentemente, a expansão apagou as precisas marcas de compassamento dos ritmos livres, que constituem a base da edição de 1898-1899, tornando problemática a compreensão de seu caráter como verso. As polêmicas em torno de *Phantasus*, em meados da segunda década do século XX, são documentos significativos da discussão sobre a legitimidade do verso livre na Alemanha.

---

1 A. Closs, *Die freien Rhythmen in der deutschen Lyrik*, p. 163.

183 Os versos excessivamente longos foram criticados desde os contemporâneos de Holz até críticos mais recentes[2], sobretudo por representarem um risco de desintegração do verso em prosa[3]. O crítico que desmente isso com bons argumentos, no caso de *Phantasus*, é Harald Wentzlaff-Eggebert:

> Esses textos não podem ser simplesmente classificados como prosa, pois a segmentação em linhas se sobrepõe à estruturação sintática existente. Além disso, em decorrência da constante alternância de extensão da linha, surge uma multiplicidade de processos rítmicos. Nos versos mais longos, por exemplo, a pausa que marca o fim da linha amarra melhor a sequência de palavras, enquanto o valor das sílabas avulsas fica mais nítido nas linhas mais breves. Em caso de uma redução extrema da extensão da linha, eventualmente também se destacam palavras átonas na frase.[4]

De fato, ao se distanciar da regularidade isométrica dos ritmos livres, Arno Holz adere convictamente ao verso livre, sendo considerado um de seus primeiros introdutores na poesia alemã. A abolição da métrica por Arno Holz, um poeta que, por sinal, não absorveu o conceito de verso livre em seus escritos teóricos, pressupõe uma defesa do ritmo. À métrica, Arno Holz opõe radicalmente a rítmica, considerando-as mutuamente excludentes[5]. Ele define ritmo como "a permanente necessidade de forma [...] que sempre renasce

---

2   Friedrich Georg Jünger estipula como limite para a extensão do verso seis compassos com dezessete sílabas ao todo. Ele condena versos mais longos, pelo fato de esses negligenciarem a lei do retorno e de transferirem para a frase o domínio sobre o poema. A consequência seria, segundo Jünger, uma prosa ritmada. Para mais detalhes, ver F.G. Jünger, *Rhythmus und Sprache im deutschen Gedicht*, p. 77. Erwin Arndt, por sua vez, atribui a Arno Holz um "estilo de linhas livre" e deixa de reconhecê-los como verso. Ele acha que a diagramação dos versos por um eixo central não passa de um agrupamento meramente óptico de linhas, negando a Holz a habilidade de uma configuração versificatória viva. Ver E. Arndt, *Deutsche Verslehre*, p. 194.

3   Essa é, na verdade, a crítica que Holz faz a Walt Whitman, cuja poesia, "do ponto de vista meramente técnico, não passaria de uma mixórdia de ritmo livre e prosa". (A. Holz, *Revolution der Lyrik*, p. 46.)

4   Arno Holz und Jacques Prévert, em H. Wentzlaff-Eggebert (Hrsg.), *Die Legitimation der Alltagssprache in der modernen Lyrik: Antworten aus Europa und Latein-amerika*, p. 23.

5   Em referência ao *Phantasus* 1916, Holz escreve o seguinte ao dr. Franz Servaes, em carta de 5 de março de 1917: "Para que escrever, se nem o próprio crítico lê? 'Que ritmo é esse que não aspira a uniformidade?' 'Que preto é esse que não aspira a nenhum branco?' Ritmo não é metro e metro não é ritmo, mesmo que frequentemente eles sejam confundidos!" (A. Holz, *Briefe*, p. 229.)

das coisas"[6]. Além de se voltar contra a arbitrariedade de elementos formais e retóricos anteriores ao processo de criação do texto, Holz indica em diversos momentos que a forma – ou o que ele considera a "forma necessária" – só se configura durante a busca, ou seja, no processo de composição:

> Até agora, todo artista da palavra já encontrava algo entre si e aquilo que queria expressar. Uma configuração formal e métrica estereotípica que ele aceitava de cara ou, no máximo [...], variava minimamente! Numa fôrma que lhe fora transmitida, ele espremia o seu conteúdo arbitrariamente, em vez de – pelo contrário – deixar a forma ainda não existente, ainda buscada, crescer necessariamente de dentro de seu conteúdo. [7]

A dicotomia entre "necessidade" (*Notwendigkeit*) e "arbitrariedade" (*Willkür*), como eixo de reflexão sobre o moderno, tem precedentes na tradição alemã[8]. Ao mencionar – em sua discussão sobre a abolição da métrica – a "necessidade" como uma espécie de relação motivada, não arbitrária, Arno Holz está se referindo ao processo de criação, à verbalização de uma dinâmica perceptivo-verbal. Ele não está questionando a arbitrariedade que rege a relação entre referente e palavra, mas sim qualquer fator arbitrário que se

---

6   "Foi essa métrica que eu destruí, estabelecendo, em compensação, o seu oposto diametral. A saber, a rítmica. Ou seja, a permanente e mais complicada necessidade que sempre renasce das coisas, em lugar do que vigorava até então: a primitiva arbitrariedade que nunca, ou só de vez em quando, no máximo, coincidia com as coisas, mesmo assim *a posteriori* e como que por acaso!" (A. Holz, *Das Werk von Arno Holz, v. 10: Die neue Wortkunst*, p. 472s.)

7   Idem, Idee und Gestaltung des *Phantasus, Die befreite deutsche Wortkunst*, uma reimpressão de Idee und Gestaltung des *Phantasus*, p. 14-15.

8   Os conceitos de "arbitrariedade" (*Willkür*) e "necessidade" (*Notwendigkeit*) são constitutivos da reflexão primeiro-romântica alemã sobre criação literária, especialmente para Friedrich Schlegel. Ambos os conceitos perpassam seus Fragmentos publicados nos últimos anos do século XVIII nas revistas *Lyceum der schönen Künste* (Berlim) e *Athenäum* (Berlim). No 370 dos *Kritische Fragmente* (Fragmentos Críticos), publicados na revista *Lyceum*, Schlegel se refere a três erros dos quais o escritor teria que se resguardar: "O que parece e deve aparecer arbitrariedade incondicional, e consequentemente irracionalidade ou super-racionalidade deve, no fundo, contudo, ser absolutamente necessário e racional; do contrário, o capricho se torna obstinação, surge a iliberalidade, e a autorrestrição se torna autoaniquilação. Segundo: não se deve se precipitar demais com a autorrestrição, e apenas abrir espaço para a autocriação, para a invenção e para o entusiasmo quando ela estiver finalizada. Terceiro: não se deve exagerar na autorrestrição." (F. Schlegel, *Charakteristiken und Kritiken I (1796-1801)*, em Hans Eichner (Hrsg.), *Kritische Friedrich-Schlegel-Ausgabe*, v. 2, p. 151.)

interponha entre a dinâmica da criação poética e o texto. Assim, Holz reivindica um "ritmo vivificado apenas por aquilo que esteja agonizando por expressão"[9], ou seja, um ritmo no qual se imprima a metamorfose do ainda-não-verbal numa forma verbal. O que ele postula, portanto, é a eliminação de quaisquer artifícios poéticos predeterminados, a fim de que a configuração textual possa ser um registro direto do engendramento da palavra: "o ritmo necessário [...] cresce a cada vez, novo, a partir do conteúdo, como se antes dele nada tivesse sido escrito"[10]. E é nisso que consistiria a dificuldade do verso livre, em comparação com o verso em formas fixas:

> Na forma antiga, o difícil é essencialmente a forma em si. E essa dificuldade pode ser superada. Afinal, ela é, no fundo, artesanal. Na nova forma, a dificuldade já começa antes e é mais profunda. Ela consiste essencialmente em que se tenha uma noção clara. E esse ponto já é menos artesanal. Tendo a noção, contudo, a forma flui dela como se por si só; ela deixa de ser imposta ao bel-prazer, tornando-se necessária.[11]

A exegese, acima apresentada, da dicotomia entre "arbitrário" e "necessário" na reflexão poetológica de Arno Holz não deixará de ter consequências para a compreensão do processo tradutório de *Phantasus*, considerando que a tradução aqui proposta pretende se alinhar ao repertório estético do autor. Analogamente à concepção holziana de obra de arte verbal como a impressão imediata de uma dinâmica de verbalização, a presente tradução se reporta mais diretamente ao engendramento poético de *Phantasus* do que a uma superfície textual, propondo-se a gerar de novo, em outra língua, a dinâmica da escrita holziana. Se o ritmo, seguindo a conceituação de Arno Holz, é o captador dessa dinâmica rumo à palavra, a reelaboração de *Phantasus* na tradução não seria uma tentativa de reproduzir ou imitar em português os efeitos rítmicos do texto alemão. Não se trata de buscar uma simetria de efeitos por meio de paralelos pontuais entre o texto

9   A. Holz, *Revolution der Lyrik*, p. 24.
10 Ibidem, p. 45.
11 Ibidem, p. 49-50.

em alemão e o texto em português, mas sim de encontrar – com os parâmetros similares aos do *Phantasus* alemão – uma dinâmica rítmica própria da tradução.

Para a definição dos parâmetros de engendramento rítmico no *Phantasus* 1916, as tradições germanísticas de análise rítmico-versificatória se mostram pouco operatórias. Entre as inúmeras abordagens existentes sobre a constituição do verso livre, foi a contribuição teórica do poeta e professor estadunidense Charles O. Hartman, em *Free Verse: An Essay on Prosody*, que revelou mais afinidade com questões centrais para a apreensão do ritmo do verso no *Phantasus* 1916. Essa afinidade consistiria no estabelecimento de uma relação entre verso e prosódia. Além de demonstrar afinidade com a lírica holziana por afirmar a prosódia como elemento central da constituição poético-rítmica, a abordagem de Hartman resgata outros elementos fundamentais para a apreensão do movimento rítmico de *Phantasus*, entre os quais a textura fônica, a extensão das linhas e a função das pausas.

Hartman concebe a dinâmica da prosódia com base em fatores específicos:

> A organização prosódica empregará elementos da fala: 1. timbre (em casos com aliterações, assonâncias e rimas); 2. duração (que, quando aplicada às sílabas – como ocorre usualmente – se denomina quantidade); 3. altura ou intonação; 4. intensidade de volume (sendo que as últimas duas são distinguíveis acusticamente, mas não psicologicamente e portanto não prosodicamente); e 5. limites.[12]

Desses elementos destacados por Hartman, três representam parâmetros fundamentais para a apreensão da dinâmica rítmica do *Phantasus* 1916 e para a sua recriação na tradução: o timbre, a duração e os limites.

O que o autor define como timbre é o conjunto de procedimentos de sonoridade que criam a textura fônica do poema, a funcionar como um estrato de marcações rítmicas paralelo aos outros níveis prosódicos por ele destacados[13]. A intensidade sonora do poema, como malha de contrastes fônicos distintivos e estruturadores do texto, era o principal critério que Arno Holz apontava, ao se defender das acusações de que o

---

12 *Free Verse*, p. 14.
13 Hartwig Schultz também destaca a importância da textura sonora do poema, ao lado do metro e do sentido, como um elemento fundamental na constituição do ritmo: "Só o confronto e a coexistência de ambos os sistemas [metro e sentido] resultam no ritmo do poema. ▸

187

Phantasus não passava de prosa recortada em versos, para efeito meramente visual. Ele revidava críticas do gênero, lembrando que "a prosa não está preocupada com efeitos sonoros (*Klangwirkungen*)", ao contrário do que ele denomina "ritmo necessário"[14]. Enquanto os poemas breves do *Phantasus* 1898-1899 tendem a manter uma elaborada rarefação de efeitos sonoros, esses se intensificam nas edições posteriores, de forma a se transformarem muitas vezes em motor de expansão do próprio poema.

Entre os procedimentos de sonoridade que Arno Holz leva às últimas consequências no *Phantasus* 1916, a aliteração tem um papel especial, sobretudo pelo fato de esse recurso representar o resgate da tradição germânica anterior à introdução da rima na poesia alemã. Até o século VIII, a aliteração (*Stabreim*) – presente nas sílabas tônicas das raízes de nomes e verbos de maior peso semântico nos versos – era um dos principais recursos rítmicos da poesia germânica[15]. Era a aliteração que fazia a conexão entre os dois hemistíquios do verso, funcionando não só como eixo de coesão sonora, mas também como marcação fônica de palavras de maior peso semântico e de sílabas a serem pronunciadas com maior ênfase. Mas o *Phantasus* ainda demonstra outras semelhanças com a lírica fundadora da língua alemã. Os versos em alto alemão antigo, além de recorrerem à aliteração como efeito sonoro estruturador, adotam a livre formação de compassos e o livre preenchimento dos intervalos entre os ictos e desconhecem a rima e a formação estrófica. O acúmulo de inúmeras sílabas átonas entre quatro ictos acaba gerando versos bastante extensos, com uma variação de cinco a dezoito sílabas. Não é à toa que essa poesia já foi considerada uma espécie de verso livre[16]. A ausência de um padrão métrico fixo também garantia ao verso em alto alemão antigo uma diversidade rítmica digna de nota. Também se notava nessa poesia uma discrepância maior de duração entre os ictos e os versos[17]. Nos

---

▷ A isso se acrescenta um terceiro [sistema]: a estrutura sonora, que pode influenciar o ritmo do poema. A alternância dos timbres pode gerar um efeito rítmico." (*Vom Rhythmus der modernen Lyrik*, p. 11.)

14   "O ritmo necessário se distingue igualmente da prosa. A prosa não está absolutamente preocupada com efeitos sonoros. Pelo menos não com os efeitos sonoros de que se trata aqui." (A. Holz, *Revolution der Lyrik*, p. 45).

15   F.G. Jümger, op. cit., p. 91. O verso aliterativo (*Stabreimvers, Alliterationsvers*) é um padrão versificatório presente em muitas tradições das línguas germânicas e transmitido por meio de textos como o *Edda* (islandês antigo), *Bewulf* (inglês antigo), *Hildebrandslied, Wessobrunner Gebet, Muspilli* e algumas fórmulas mágicas do alto alemão antigo, bem como em *Heliand e Genesis* (saxão antigo). (E. Arndt, op. cit., 114s.)

16   B. Nagel, *Der freie Vers in der modernen Dichtung*, p. 8-10.

17   Ibidem, p. 11.

momentos de repúdio à rima na tradição poética alemã, o resgate da aliteração pode ser considerado um efeito colateral, pois o verso aliterativo é mais afeito à estrutura prosódica da língua alemã[18]. Afinal, apesar de marcar uma estrutura de recorrências, a aliteração não bloqueia o movimento rítmico, nem compromete a gramaticalidade do fraseamento estilístico, como pode ocorrer nos versos metrificados e rimados. O *Phantasus*, a partir de 1916, passará a compartilhar de todos esses traços com uma poesia nativa de antiga tradição.

A rima final, cuidadosamente evitada na primeira edição de *Phantasus* e veementemente repudiada nos textos críticos relativos a esse livro, deixa de ser um tabu a partir da edição de 1916. Conforme confessa o autor no início da década de 1920:

> Após eu ter submetido "mim mesmo" a uma revisão, hoje a rima se concilia com a técnica do *Phantasus*, e não só de modo "quaternário, quintenário, sextenário e septenário", como o uso dos demais recursos convencionais de linguagem, auxiliares e subordinados. A sua utilização, que – em vez de "ágil e moderada" – havia se tornado "estável e estacionária" demais, em suma, "fóssil" demais, agora se renovou também – e eu diria, desde a base até o topo![19]

Alguns anos depois, em 1925, Holz voltaria a defender a desfossilização da rima e seu uso espontâneo[20]. Quanto ao aspecto da duração, destacado por Hartman como um dos elementos constituintes da prosódia e do ritmo no verso livre, a tradução dos textos publicados pela primeira vez no *Phantasus* 1916 tem que ser diferente da dos remanescentes da edição de 1898-1899. Nessa versão posterior, marcada, em parte, por uma variação drástica de versos extremamente longos e extremamente breves, suspende-se a tendência de isometria que ainda imperava nos ritmos livres. Além disso, a variação do número de ictos de verso para verso se torna, ao ouvido do leitor, aparentemente irresgatável, quando o verso se prolonga até mais de cinquenta sílabas. O que se mantém central, quanto à duração, é o alcance dos versos – ou linhas, como

18 Ibidem, p. 28.
19 A. Holz, Idee und Gestaltung des *Phantasus, Die befreite deutsche Wortkunst*, p. 43.
20 Idem, *Das Werk von Arno Holz, v, 1-3: Phantasus*, p. 665-669.

preferia Holz – como unidade rítmica fundamental na constituição do *Phantasus*. Nesse sentido, a tradução continuará mantendo a integridade dos versos holzianos como fator essencial de duração na constituição do ritmo sonoro e do ritmo de desdobramento das imagens.

Para a apreciação rítmica do *Phantasus* 1916, no entanto, a segmentação em compassos – importante na análise dos ritmos livres – se revela pouco expressiva da dinâmica do poema, de modo que, na tradução, esse procedimento também não é adotado como um parâmetro de duração. Mesmo o compasso não representando uma forma de segmentação apropriada para se apreender a dinâmica rítmica do *Phantasus* 1916, as pausas ou cesuras, em sua função de delimitar unidades textuais (*boundary*) – sejam estas estrofes, versos, sintagmas ou até mesmo estruturas morfológicas –, continuam sendo um importante elemento prosódico a ser observado no verso livre holziano. Nesse sentido, continuam válidas as análises de Louis Benoist-Hanappier, em *Die freien Rhythmen in der deutschen Lyrik*, que incorpora as pausas e os silêncios à estrutura rítmica.

Depois de apresentar a conceituação do ritmo por Arno Holz como um captador da dinâmica do processo de verbalização e uma abordagem do verso livre condizente ao *Phantasus* 1916, resta apontar um aspecto ainda relevante nas definições de ritmo poético: a relação entre o estabelecimento de um padrão por repetição e a sua variação. Entre os estudiosos da versificação, geralmente o que se enfatiza na noção de ritmo é a repetição[21]. O que se verifica no *Phantasus* 1916, no entanto, é uma respiração, uma pulsação irregular que independe da reiteração de um padrão[22]. O que muitas vezes se varia não é um padrão rítmico preestabelecido pela repetição, mas sim a forma imediatamente anterior à variação, como se o texto se transformasse

---

21 A noção de ritmo como repetição de padrões persiste até em obras mais recentes. Jünger designa como ritmo "todo movimento reiterativo que evidencia uma segmentação perceptível para nós" (op. cit., p. 15). Para Wolfgang Kayser, o fundamento da beleza rítmica seria a variação na igualdade (Variation in der Gleichheit), uma ideia que também implica a preexistência de um padrão (apud E. Arndt, op. cit., p. 16).

22 Alguns dos críticos e teóricos também sugerem o antagonismo entre métrica e ritmo defendido por Arno Holz. Charles O. Hartman explicita esse antagonismo da seguinte forma: "[Metro] não é ritmo, mas um padrão imposto ao ritmo. [...] Metro é uma 'regularidade subjacente' jogada contra o ritmo. Ambos mantêm entre si uma tensão profícua, assim como toda atualização e abstração que o configure." (Op. cit., p. 22.) Erwin Arndt também enfatiza o elemento variável em sua definição de ritmo: "A alternância continuamente regular de segmentos de compasso contrastantes pode ter um efeito monótono e contrariar justamente uma autêntica vivência rítmica. De acordo com a nossa conceituação, o ritmo só surge quando essa alternância for realmente variada livremente ou na compreensão estética." (Op. cit., p. 16.)

à medida em que tivesse sendo escrito, como se uma palavra induzisse à próxima e esta, por sua vez, remetesse à anterior na mesma medida em que a desfigurasse. É como se o ritmo estivesse intimamente ligado a um processo metamórfico a que as palavras seriam submetidas durante a composição poética, algo ligado à temporalidade da escrita.

Em síntese, pode-se dizer que a recriação do ritmo do verso holziano na presente tradução não coincide com uma reprodução simétrica de efeitos rítmicos do texto em alemão. O que se pretende é colocar em ação os parâmetros e procedimentos de constituição rítmica do poema, ou seja, colocar em andamento uma dinâmica prosódica com tudo que a move – desde a estruturação de versos e de cesuras até a textura fônica –, de modo que a tradução gere o seu próprio ritmo com princípios análogos aos do *Phantasus* alemão. É com a matéria fônica do português que se processará uma textualidade metamórfica em expansão, de modo a se corresponder à noção holziana de ritmo como impressão do processo de verbalização.

Outra diferença fundamental entre os ritmos livres e o verso livre de Arno Holz toca a relação entre sintaxe e versificação. Na primeira versão de *Phantasus*, os poemas eram emoldurados pelas pausas sugeridas pelo branco da página, confinando-se dentro de uma estrutura rítmica até certo ponto definida e passível de ser apreendida de fora, até pela própria configuração gráfica do poema. Desde que a coletânea poética foi transformada em um único poema e passou a crescer, por meio de interpolações, a partir da edição de 1916, não se pode apreender a obra de fora para dentro, mas apenas de dentro do processo de decifração da leitura, como se o texto, tendo transbordado a moldura, tivesse perdido contornos reconhecíveis. Além de ilimitado, o texto demonstra um crescimento assimétrico[23], de modo que uma frase pode se completar dentro de um verso ou englobar centenas de versos.

No "duplo contínuo" do poema, a relação entre frase e verso se torna imprevisível. No lugar da tendência de equiparação rítmica em compassos isocrônicos e de uma segmentação versificatória coincidente com

---

23   Quanto à forma assimétrica na poesia, ver A. Holz, *Das Werk von Arno Holz, v. 10: Die neue Wortkunst*, p. 725: "Ao contrário da [matéria] cristalina, a matéria vivamente organizada não se caracteriza por harmonia ou regularidade, mas – muito pelo contrário – pela permanente diferenciação, tanto da estrutura quanto da função, ou – para reduzir esse fato a uma fórmula mais simples – pela 'forma assimétrica'. Eu já apontei várias vezes, em nível teórico, que isso caracteriza a forma de *Phantasus*, com as suas linhas que – de modo regular, necessário e contínuo – se distinguem internamente segundo o ritmo e externamente conforme a extensão – e tudo isso em oposição à forma métrica."

a estruturação sintagmática, regularidades essas verificáveis nos ritmos livres, o *Phantasus* 1916 introduz a imprevisibilidade e a assimetria como princípio de configuração rítmica. Isso representa uma mudança fundamental: enquanto o modelo métrico ainda se dedicava a construir uma expectativa e direcionar o ritmo como momento de reconhecimento do retorno de um padrão duracional ou acentual, Holz mantém o verso em suspenso por meio do adiamento do momento de finalização sintática e por meio da listagem verbal em *stacatto*. A alternância radical entre linhas longas e breves, uma característica marcante da poesia holziana[24], também revela que a função da segmentação em versos deixou de ser sintática, pois raramente o fim dos versos coincide com os limites dos sintagmas. Outro sinal disso são os versos breves que contêm palavras de reduzido peso semântico (pronomes, conjunções, preposições e artigos, por exemplo). Para a temporalidade do desdobramento das cenas, a alternância entre versos longos e breves também desempenha uma função evidente: enquanto os versos sobrecarregados de palavras se assemelham a um fluxo fílmico, acelerado e saturado de imagens, os versos mais breves parecem mais alentados e até estáticos, remetendo mais à contemplação de uma fotografia. Tudo isso revela que, no *Phantasus* 1916, é o verso, e não a frase, que marca o compassamento e as pausas do poema, algo que também contradiz a hipótese de que se trataria apenas de um texto em prosa segmentado em versos.

Como já se deve ter observado até agora, a presente tradução tende a priorizar a linha, submetendo o tratamento sintático à integridade dos versos[25]. O que se pretende é manter o agrupamento de semantemas na mesma linha, mesmo em detrimento da correspondência exata à estrutura sintática do texto alemão.

---

24 A respeito do corte de versos e do uso de linhas breves como inovações fundamentais introduzidas por Arno Holz na poesia alemã, ver H. Schultz, op. cit., p. 126-127: "A novidade na construção versificatória de Holz é a utilização do limite entre os versos, a fim de caracterizar um ritmo entrecortado, represado. A segmentação da linguagem em linhas breves é um meio de estipular o novo ritmo. Esse ritmo e sua notação são, em certa medida, incorporados por poetas posteriores. É no desenvolvimento desse ritmo que consiste a contribuição revolucionária de Holz. Nas elucidações teóricas, o significado da segmentação das linhas não fica claro."

25 Sobre a definição da linha como unidade central de sua poesia, Arno Holz afirma o seguinte, em 1918: "A unidade última da métrica era o pé até então. A unidade última da minha rítmica é incomparavelmente mais diferenciada: a linha. A última e, como eu já antevira de imediato, estranhamente a mais difícil de se manipular e apreender! Ela pode consistir de uma única sílaba até mais de cinquenta. E, se der certo e 'der liga', será captada pelo ouvido e, como tal, diferenciada das demais unidades!" (*Das Werk von Arno Holz, v. 10: Die neue Wortkunst*, p. 705.)

Em comparação aos ritmos livres, os versos livres de Holz no *Phantasus* 1916 reduzem a importância das pausas sintáticas. Afinal, muitas vezes as frases e os sintagmas se estendem em tal medida e o término dos mesmos é adiado de tal maneira que eles mal podem constituir um elemento estruturador. A discrepância entre o critério sintático e o critério de divisão de versos torna os cortes aparentemente arbitrários e, por isso mesmo, mais surpreendentes e erráticos. Ao contrário das pausas dos ritmos livres, passíveis de serem absorvidas em um movimento de equiparação isocrônica, a segmentação dos versos livres holzianos funciona mais como corte ou interrupção, muitas vezes a contrapelo da sintaxe[26]. A isso se acrescenta o fato de que o intrincamento sintático de *Phantasus*, a partir de 1916, acaba diluindo a marcação prosódica característica da linguagem comunicativa, de modo que o ritmo de leitura do texto é menos conduzido pela continuidade e pela ênfase sintáticas do que pelas marcações de pontuação e pelos cortes dos versos. Referindo-se ao fato de que palavras de pouco peso semântico, normalmente átonas na prosa, muitas vezes adquirirem um destaque inusitado na versificação holziana, ocupando todo um verso, Hartwig Schultz aponta no *Phantasus* 1916 "um ritmo 'artificial', um andamento rítmico configurado por pausas inseridas conscientemente pelo poeta, um andamento que difere do 'absoluto ritmo natural'"[27]. Por todos esses motivos, ou seja, pelo fato de a hegemonia do verso sobre a sintaxe representar um traço fundamental da poética holziana, a tradução se coloca como critério básico a manutenção da integridade dos versos.

A priorização do plano versificatório sobre a sintaxe, na tradução, não implica negligência com características sintáticas que singularizam o *Phantasus* 1916, inclusive do ponto de vista histórico. Fundamental, quanto à sintaxe, é que os períodos não se fragmentem, pois a poesia holziana não rompe a lógica sintática, apenas a oblitera por meio de artifícios parentéticos e enumerativos. Os únicos elementos frasais eventualmente deslocados de verso para verso na tradução são os núcleos de longos sintagmas nominais ou verbais – ora antecipados, ora reiterados –, a fim de não se romper radicalmente o fio condutor da legibilidade sintática. O fato de as frases holzianas ultrapassarem inúmeros limites entre as linhas e de as linhas não coincidirem

---

26 Mesmo que as pausas, no *Phantasus* 1916, não contem para uma possível equiparação isocrônica de compassos, elas mantêm sua presença como marcação de silêncio. Ver H. Schultz, op. cit., p. 99: "Holz quer que os limites entre as linhas sejam pronunciados como pausas audíveis. Isso significa que, apesar do *enjambement*, deve-se ler um corte audível."

27 Ibidem, p. 11.

193

com os limites dos sintagmas leva Hartwig Schultz a reconhecer nas edições de *Phantasus* a partir de 1916 um "permanente *enjambement*"[28]. Diante dessa continuidade sintática, gerada por períodos extremamente extensos em parte, a tradução opta por antecipar ou reiterar esporadicamente alguns núcleos semânticos. Isso sempre ocorre quando a extensão do período ameaça gerar ambiguidades indesejadas ou criar uma difusão incompatível com o grau de legibilidade do trecho em questão no original. Essas medidas – assim pretende a tradução – não devem anular, no entanto, o suspense característico do desdobramento cênico e imagético em *Phantasus*, gerado pelo adiamento de informações centrais para a compreensão da frase.

Conservadas a completude da frase e a integridade da linha, a tradução se permite reestruturar os períodos („Große, bunte …" / "Cresce, colore-se…") e reagrupar os semantemas dentro de sintagmas („körnig schrägsteil gelagerten, pulvrig grauschwarz zermahlnen Moränenschut" / "detritos de moraina amalgamados granulares em aclive, triturados em fuligem negricinza"), eventualmente deslocando-os para classes gramaticais diferentes. A reestruturação sintático-semântica ora acrescenta („eine sanfte, samtne, weiße, talgroß runde, hirnblendende Firnmulde" / "um branco rebaixo arredondando-se brando, valvasto, a cegar o cérebro"), ora subtrai („aus dessen meerblau abgrundtiefen Spalten" / "de cujas fundabismais rachaduras azul-mar") um estrato à estrutura profunda dos sintagmas, por vezes convertendo-os em frases. Sobretudo perante o encadeamento de advérbios (geralmente sufixados em "mente" em português) anteriores a enumerações de adjetivos, muitas vezes a tradução dilui a estrutura sequencial em diferentes módulos sintagmáticos. Isso implica necessariamente uma reestruturação rítmica do texto, sobretudo porque, na tradução, os módulos sintagmáticos muitas vezes se distinguem dos adjacentes pela coesão sonora („brummelnde Hummeln tummeln" / "zangões resmungões em turbilhões"; „rillig hartrauh roh" / "asperiduros e rústicos em suas fissuras").

O propósito das reestruturações sintagmático-sintáticas não é apenas manter os agrupamentos semânticos em cada verso, mas também alcançar uma nitidez imagética adequada, como contaponto à tendência do texto à difusão. O que se busca com isso é justamente uma tensão equilibrada entre forma e ruído, definição e indefinição. O que a tradução acaba gerando são módulos rítmicos variados, blocos de textura sonora distinta, demarcados por pausas e conectados por marcadores sintáticos, entre os quais as reiterações acrescentadas

---

28 Ibidem, p. 99.

ao texto. Esse procedimento, aliado à opção pela integridade do verso, contribui para conservar o ritmo de desdobramento das imagens e das cenas no texto.

Em sua apreciação do verso livre, Charles O. Hartman se refere à coexistência de "múltiplos padrões rítmicos" no poema, assinalando que eles podem se reforçar reciprocamente, gerando uma espécie de simetria, ou podem entrar em conflito, causando uma tensão[29]. Esta última forma, também denominada "contrapontística", é o modo central de Arno Holz criar discrepâncias entre os diversos níveis de temporalidade do poema. Além do estrato de configuração dos versos, com suas segmentações inusitadas, e do estrato sintático do poema, ambos em discrepância[30], outros níveis a se somarem à configuração rítmica de *Phantasus* são a ordem e a velocidade de desdobramento das imagens e cenas, além do efeito partitural da diagramação dos versos ao longo de um eixo medial. Em vários dos fragmentos aqui traduzidos, ao lado da tradução, fica bastante claro que a ordem de apresentação dos elementos da paisagem é fundamental para a composição do quadro. Apesar da impossibilidade de se reproduzir, na tradução, a ordem estrita dos semantemas no verso, uma restrição que geraria problemas muitas vezes insolúveis, a ideia é que se reproduza pelo menos a sequência de aparição das principais partes do quadro. Afinal, ao mesmo tempo que a imagem se revela descentrada (com a descrição antecipada do fundo e a apresentação adiada da forma, por exemplo), a sintaxe se prolonga muitas vezes para além do limite da memória, enquanto as pausas no fim dos versos entrecortam um fluxo já pouco fluente.

29 C.O. Hartman, op. cit., p. 25.

30 Charles O. Hartman considera o duplo contínuo sintático-versificatório o principal nível de operação rítmica contrapontística. Para ele, é nessa esfera que se cristaliza a singularidade de um poeta: "O poema como um todo deve estabelecer um esquema prosódico genérico, uma moldura dentro da qual os gestos das linhas avulsas adquiram significado. É assim que funcionam as prosódias de contraponto […]. A distribuição em linhas e a sintaxe geram a prosódia geral do poema, à medida que uma serve de contraponto à outra. Mas distribuições específicas em linhas são determinadas pelas exigências de contexto e, em última análise, pelo ouvido do poeta. Assim como o poeta encontra seu lugar entre convenção e descoberta – tradição e talento individual –, as suas linhas equilibram restrição contextual e autonomia. A autenticidade delas deriva disso, e o seu ritmo se torna 'absoluto'." (Ibidem, p. 92-93.)

195

Todos esses estratos de configuração rítmica contribuem para uma desfiguração ou relativização da figuratividade, o que corrobora a comparação da poesia de Holz com a pintura de Kandínski por Alfred Döblin[31]. Esse é apenas um exemplo da interação contrapontística dos diferentes estratos de configuração rítmica do poema, que – para recorrer a outra imagem visual, esta de Charles O. Hartman – gera um "efeito *moiré*"[32].

Quanto à reconstituição da estrutura rítmica contrapontística do *Phantasus* 1916, a tradução – além de se propor a dinamizar a relação entre todos os estratos já abordados de configuração rítmica (sintático, versificatório, cênico-imagético) – também atenta para o caráter partitural do poema, mais um âmbito no qual diferentes padrões se sobrepõem, gerando eixos distintos de leitura[33]. Ao longo do eixo medial, pelo qual os versos de alinham, distribuem-se – em *Phantasus* – as fases do poema em linhas de extensão diversa. Como já se disse, a alternância de linhas mais longas e mais breves confere ao poema velocidades diversas: os versos mais extensos sugerem maior saturação de imagens e maior movimento, enquanto os versos mais curtos possibilitam maior vagar na apreensão da imagem. Trata-se de uma notação que entrecorta o poema em fases distintas quanto à velocidade de desdobramento cênico (das cenas geradas pelo poema) e espacial (da configuração do poema sobre a página). Daí a importância de se ater, na tradução, à integridade e à ordem dos versos, sempre que possível. No entanto, essa estruturação vertical de caráter fásico tem como contraponto o fluxo verbal do poema, não só marcado pelo adiamento – muitas vezes ofegante – do foco cênico e pelo suspense daí advindo, mas também indicador da progressão da linguagem como processo

31   A. Döblin, *Aufsätze zur Literatur*, p. 161.
32   "O efeito *moiré* de contraponto cria padrões de significado que seus componentes não podem explicar sozinhos." (C.O. Hartman, op. cit., p. 80.) Hartman detalha a reverberação da discrepância contrapontística dos níveis de configuração rítmica de modo ainda mais vivo: "É só se imaginar olhando através de duas grades – telas de janela, por exemplo. Quando elas estão perfeitamente alinhadas, vemos uma tela grossa. Mas quando uma está levemente deslocada, surge um novo padrão sem qualquer relação visual com a regularidade de horizontais e verticais de cada grade. Esse padrão – o efeito *moiré* – curva-se e ondula-se das formas mais surpreendentes. As leis que organizam cada grade, suas linhas retas e seus ângulos retos, fracassam totalmente em antecipar as formas que emergem. Assim que a relação entre as grades se desloca de novo, mesmo que minimamente, outros padrões passam a existir." (Ibidem, p. 63.)
33   Em referência a Ezra Pound e Charles Olson, Timothy Steele lembra que "a prática prosódica moderna também é amplamente afetada pela crença de que seria promissor para a poesia buscar uma complexidade de ritmo comparável àquela representada pela notação musical moderna". (*Missing Measures: Modern Poetry and the Revolt Against Meter*, p. 216.) Neste contexto, cabe dizer que a concepção de "projective verse" por Charles Olson tem semelhanças com a concepção partitural de poesia holziana.

metamórfico, como referido acima. Quanto a esse eixo horizontal de progressão, a tradução acentua o caráter de transformação sonora, exacerbando por vezes uma sugestão generativa entre os vocábulos que se sucedem („wie kleine, schnackische, drollig bramstige Flügelbären" / "como ruidosos miniursos alados hilariamente hirsutos"; „die tiefen, grausen, längsrings eingemahlnen Schründe" / "às horrendas fendas fundas, intra-corroídas em círculo oblíquo"; „um die, aus urweltfrühster Einsamkeit, nur noch die kühnsten, kecksten, allerhöchsten Zinken, Zinnen, Zacken, Schroffen und Gipfel ragen!" / "em torno do qual culminam, de extremo protoprimevo ermo, os mais altos, altivos, altívolos cimos, pinos, picos, espigas e grimpas!"). Nesses casos, a tradução intensifica procedimentos recorrentes no poema alemão, mesmo que não exatamente nos mesmos momentos do texto original. Como já se disse, não se pretende, com a tradução, alcançar uma correspondência pontual de efeitos, mas sim uma analogia de operações textuais, permitindo-se uma variação de intensidade dos efeitos ao longo do texto. É justamente na interseção dos eixos vertical e horizontal que se configura aquilo que Arno Holz considera uma ordem tipográfica das imagens sonoras[34].

Quanto à recriação morfológica ou morfossintática das palavras compostas por aglutinação e dos neologismos holzianos, as traduções de Augusto e de Haroldo de Campos (sobretudo "Marinha Barroca") oferecem um precedente fundamental – não só em língua portuguesa – entre as traduções de *Phantasus*. Conforme exposto anteriormente, os tradutores brasileiros são os únicos a priorizar a inventividade linguística do poeta alemão, ao contrário dos demais, que tendem a textualizar de forma parafrástica as sínteses morfológicas de *Phantasus*. No entanto, a solução explicativa e não recriadora do léxico holziano representa uma descaracterização de sua poesia e uma deturpação de sua posição na história literária.

Conforme mencionado, uma das motivações de Arno Holz ao abolir as formas fixas foi sua determinação de ampliar o repertório lexical da poesia, eliminando o que ele considerava impedimentos impostos pelo uso da métrica e da rima[35]. Se, na virada do século XIX para o XX, Arno Holz podia se considerar pioneiro por

---

34 Ver *Revolution der Lyrik*, p. 29: "A ordem gráfica que em um primeiro momento pode até causar estranheza, com suas linhas irregularmente segmentadas e eixo medial invisível, há anos prevista por mim para essa forma, já se tornou felizmente moderna nesse meio tempo. Escolhi-a para já ordenar tipograficamente, na medida do possível, as respectivas imagens sonoras intencionais."

35 Quanto ao repúdio à restrição lexical imposta pela rima, ver idem, p. 27: "A nossa língua é tão pobre em palavras unissonantes e esse 'recurso' provém tão pouco de suas origens que certamente não seria exagerado arriscar dizer que setenta e cinco por cento de todos ▶

197

ter incorporado aos seus poemas um léxico de referência cotidiana e urbana até então excluído da poesia vigente no âmbito germânico, dois anos após a publicação do *Phantasus* 1916 ele viria a qualificar sua obra como a de maior repertório lexical da literatura alemã:

> [Em *Phantasus*] é tão colossal o número de palavras que até hoje jamais haviam sido ousadas e usadas em um verso alemão, o que diria na "poesia" alemã; é tão surpreendente, além de tudo, o número de neologismos que se revelam como tal só após uma observação mais detida, por tanto se harmonizarem com o restante, que não hesito em registrar o seguinte: nenhuma obra de arte verbal da nossa língua pode ser – e atentem para o que isso significa e quer dizer – sequer comparada a ele, mas nem de longe![36]

Se, de fato, procede a constatação sobre a amplitude lexical de *Phantasus*, pouco se justifica a observação de que os neologismos na edição 1916 passam despercebidos e se harmonizam com o restante. Na verdade, o uso dos compostos neologísticos nessa edição não é sistemático, mas sim esporádico, adquirindo uma função hiperbólica dentro dos encadeamentos de nomes e verbos que marcam o poema. Desse modo, uma concentração de neologismos, como no poema "Marinha Barroca", extraído da edição de 1925 e traduzido por Augusto e Haroldo de Campos, não ocorre no *Phantasus* 1916. É oportuno dizer, portanto, que a complexidade dos compostos traduzidos por Augusto e Haroldo de Campos no poema "Marinha Barroca" só começa a fazer parte do repertório holziano a partir da edição de 1925.

Ao contrário das aglutinações criadas segundo as possibilidades semântico-morfológicas da língua alemã, que poderiam ser cunhadas por qualquer falante do idioma, os neologismos holzianos não partem do uso da linguagem comum, conforme consta Neumann. Sobretudo os compostos formados por justaposição de palavras, nos quais a influência semântica recíproca de um componente sobre o outro não pode ser

---

▷ os seus vocábulos foram inutilizados desde o início em favor dessa técnica, ou seja, nem chegaram a existir para ela. No entanto, se uma expressão me é negada, com ela também me é negado, na arte, o seu equivalente real. É de se admirar, então, que todo o horizonte da nossa poesia hoje pareça, consequentemente, setenta e cinco por cento mais restrito do que a nossa realidade?"

36   A. Holz, Idee und Gestaltung des *Phantasus, Die befreite deutsche Wortkunst*, p. 48.

interpretada univocamente, não têm precedentes no uso corriqueiro da linguagem[37]. Trata-se de uma mobilização do potencial aglutinativo da língua no sentido de se criarem neologismos poéticos com alto grau de instabilidade, pois "a influência recíproca dos lexemas isolados ocasiona uma constante mutabilidade semântica". No entanto, na edição de 1916, esse tipo de neologismo não ocorre com frequência.

No caso de poemas com alto grau de densidade neologística, como "Marinha Barroca", por exemplo, que é estruturado em versos mais breves e bem delimitados, tornar a tradução igualmente densa do ponto de vista lexical e guardar a correspondência pontual com os neologismos se revela a solução de maior elaboração estética. O *Phantasus* 1916, no entanto, coloca problemas diferentes; os compostos complexos e os neologismos adquirem outra função. Dentro de um fluxo de linguagem incontido, com versos tendencialmente longos, a sua aparição parece ter uma dimensão hiperbólica, como se a busca voraz de novas palavras, ou seja, o encadeamento de vocábulos aparentados por similaridade semântica ou sonora ultrapassasse os limites do léxico corrente e culminasse na invenção de novos termos. Em outras palavras, a condensação verbal dos compostos neologísticos está em ligação direta e em permanente tensão com a loquacidade do poema.

Na presente tradução, o que se pretende recriar é justamente essa tensão. Analogamente a outras questões tradutórias acima mencionadas, aqui a recriação de palavras compostas e de neologismos aglutinativos nem sempre tem uma correspondência simétrica com o original. Há casos em que uma aglutinação é decomposta em uma perífrase cujos elementos se conectam por similaridade sonora; há também casos em que dois advérbios ou dois adjetivos sequenciais são aglutinados em uma palavra composta. Também aqui, os critérios que determinam o momento adequado de uma formação neologística são contextuais. De qualquer forma, a densidade rítmico-sonora e a pregnância da imagem são decisivos na opção entre a síntese e a proliferação verbais. Para efeito ilustrativo, cite-se o fragmento abaixo, com uma incomum densidade neológica:

37 Ibidem.

199

Um grande mandril em torpe verdinegripelo, horror de trambolho, bisonho, o mais bestial-ridente
[arreganha-dentes,
Ein großer, grünschwarzpelzig plumper, abschreckend klumper, dumper, [bestialischst grinsend zäh
[nefletschender Mandrill,
com minúsculos perfurolhos carrascoriscando astutos,
mit kleinen, tückisch bösfunkelnden Stechaugen,
grenhigaleado,
schopfhelmig,
as frontispústulas de um azul-aciano,
die Wangenwülste kornblumenblau,
o nariz de um rubro-cinábrio,
die Nase zinnoberrot,
a longa, aguçada, bodebalante barbicha amarelo-limão,
den langen, spitzen, bocksmeckernden Schneiderbart zitronengelb,
nega-se terminante,
weigert sich absolut,
teimosa, tenaz e obstinadamente,
störrischst, hartnäckigst und standhaft,
sob ávidos gritos, rangidos e rogativas,
unter heischrem Geheisch, unter Gequietsch und Gekreisch,
sob dancissaltos, saltixingos, bailinsultos e gargalhadas, detrás requebrante,
unter Tanzgespring, Tanzgebläff, Tanzgekläff und Gejachter, mit [wackelndem Achter,
enquanto o gongo invisível, caustiganindo estampidos subsolo abaixo, sai guizalhando ladridos num
[delírio de ira, tinindo e latindo, lastimando e

[lamuriando, gemendo e tremendo em sanha

[extrema,

während der ächzend stöhnend dröhnend unsichtbare Gong, kellertief, sich in ein klirrend heulend

[wimmernd winselnd zeternd zitternd zornigst,

[wie tollwütig tobendes Gebelfer verrasselt,

nega-se a me passar a lisa cabaça castanha,

mir eine braune, polierte,

incrustrada com foscas contas turquesa, cortada de comprido no meio exato,

mit matten Türkiskügelchen inkrustierte, in ihrer Mitte genau längslang

[halbierte, scharnierte,

essa charneirada, acartonada, adornada cabaça de coco.

kartierte, ornamentierte Kokosnuß zu verabfolgen.

As palavras compostas e os neologismos holzianos podem se tornar, na tradução, termos formados por aglutinação ou justaposição de lexemas, termos compostos por hifenização ou sintagmas nominais, sendo que duas palavras da mesma classe gramatical sequencializadas no original podem se tornar um composto neologístico.

Uma questão importante em relação ao uso de neologismos aglutinativos em português é quanto à transparência e ao registro dos lexemas combinados. No *Phantasus* alemão, pode-se dizer que – por mais insólita que seja, semanticamente, a combinação lexêmica – as raízes justapostas geralmente são de uso corrente na língua, sem mencionar que o procedimento da aglutinação em si é constitutivo do idioma. Em português, a maioria dos compostos aglutinativos aqui recriados soam neologísticos, menos transparentes do que em alemão. O registro lexical, além disso, muitas vezes tende a ser mais elevado ou menos usual em português[38].

---

[38] Aqui vale lembrar que Augusto e Haroldo de Campos ampliaram a língua portuguesa com a incorporação de neologismos estruturalmente derivados de outros idiomas, tanto em sua poesia quanto em suas traduções. Foi nesse contexto que eles resgataram autores como ▸

201 Apesar de isso representar nitidamente um desvio, a discrepância se justifica pelo fato de Arno Holz não apenas misturar, em *Phantasus*, diversos tipos de registro – do alto alemão a variantes dialetais –, mas também mobilizar, para o seu poema, desde a língua falada até a língua restrita aos dicionários.

A preocupação da presente tradução com a coexistência tensiva entre prolixidade e concisão também se revela nas soluções variadas que se encontram para o encadeamento de advérbios frequente em *Phantasus*. Em contextos nos quais a conexão se faz necessária, por outras prioridades tradutórias, opta-se pela fusão de advérbios em palavras compostas; em casos diametralmente opostos, quando o gesto verborrágico tem uma função poética, recorre-se ao encadeamento de advérbios sufixados em "mente". Quanto às sequências de adjetivos, as opções oscilam do encadeamento de termos sem pontuação até a palavra-valise, passando por palavras compostas por hifenização.

Também quanto ao aspecto da síntese e da proliferação verbais, a tradução pretende, em suma, manter um equilíbrio tenso entre os dois polos, sem padronizar *a priori* uma correspondência com os recursos poéticos do poema alemão. A variedade de estratégias adotadas para tal pode ser acompanhada na própria tradução.

Os parâmetros utilizados anteriormente para se compararem traduções de *Phantasus* ao longo de um século e para se definirem os procedimentos da presente tradução se articulam, de modo mais amplo, com as aporias indicadoras da crise da linguagem na obra, já expostas acima. O que se denominou anteriormente "totalização fragmentária" abarca, segundo mencionado, o impulso de apreensão de uma totalidade que jamais se configura como tal na linguagem, apesar da tendência de se estender o verbalizado ao limite da inteligibilidade, seja por meio da extensão dos períodos sintáticos, seja pelo movimento enumerativo do texto, seja pelo ímpeto acumulativo de se formarem compostos lexicais cada vez mais complexos. O resultado desse impulso acaba sendo a emergência de indícios da impossibilidade da apreensão total, manifestos no descentramento de cenas e imagens cujo núcleo se perde ao longo da progressão do texto, dada a quantidade de detalhes.

▷ Odorico Mendes e Sousândrade. No entanto, ambos se distinguem quanto à preferência de registro: enquanto Augusto tende a buscar o material lexical dentro do repertório padrão contemporâneo, Haroldo não hesita em recuperar estratos menos atuais e usuais da língua, aderindo por vezes a um uso da linguagem mais arcaizante ou barroquizante. Em se tratando de Arno Holz, um renovador do léxico poético em sua incorporação de campos semânticos ligados a repertórios temáticos urbanos, industriais e técnicos e um dos poucos autores de língua alemã a fazerem uma ponte entre o barroco e o moderno, nenhuma das duas vertentes seria alheia à sua obra.

Da mesma forma, a disposição oni-inclusiva do texto, sobretudo em seus momentos mais acelerados, culmina em uma sobreposição sincópica de lexemas, mais expressiva da fragmentação e do esfacelamento do que de um todo ileso. Gerar no texto essa tensão é uma das propostas da tradução. Ao conservar a extensão e a complexidade dos períodos contínuos e recompor as aglutinações morfológicas ou sonoras, o poema traduzido torna tangível o ímpeto de oniabrangência; ao manter, sempre que possível, a segmentação versificatória e as síncopes verbais, ele enfatiza as interrupções e lacunas do discurso em constante progressão. O que se pretende é manter um equilíbrio entre essas forças, a fim de que a manifestação da crise da linguagem também transpareça na tradução.

O foco disruptivo que se denominou "ruído da notação" refere-se ao jogo de forças entre a disposição partitural do poema, que permite a visualização da página como uma espécie de mapeamento do texto nas coordenadas vertical e horizontal, e a tendência de desfiguração e desfigurativização advindas dos procedimentos analisados até agora. Para a tradução, o desafio nesse sentido é manter a tensão entre a nitidez, assegurada, por exemplo, pela precisão verbal, pela manutenção da sequência de desdobramento das imagens, pela garantia de momentos de visualizabilidade, e a pulsão entrópica do texto, manifesta nos movimentos de descentramento, síncope, autoapagamento por meio da reescrita, entre outros já discutidos até aqui.

O que se denominou "autonomia aderente" é o risco de que o impulso de codificar o mundo de modo mais imediato possível, por meio da máxima aproximação da escrita com a apreensão sensorial não mediada, acabe se revertendo na própria dissolução do vínculo entre referente e linguagem. Nesse ponto, o cuidado com a textura fônica e com a expressividade rítmica do poema representa a consciência de que a linguagem holziana se pretende uma espécie de impressão fisionômica das coisas, mesmo que a exacerbação da materialidade da linguagem possa obliterar a ilusão de transparência das palavras, revelando sua opacidade. Atingir o ponto de indecidibilidade entre esses dois movimentos seria o que a tradução pretenderia, mas esse grau de tensão raramente é atingido por Holz no *Phantasus*, especialmente o de 1916.

Por fim, cumpre lembrar que nenhum desses âmbitos de manifestação da crise da linguagem se configura de forma esquemática. As aporias aqui descritas se reduziriam a meras dicotomias, se o texto se concebesse

203 como algo estático. Apenas a textualização da condição dinâmica da escrita, como a pratica Holz, permite a sustentação de algo indecidível. Daí a importância de se conceber a tradução de *Phantasus* dentro de uma acepção instável e dinâmica da linguagem, que singulariza obras da vanguarda poética.

Essa concepção de poesia está visceralmente ligada ao verso livre. Uma precisa síntese da relação entre verso livre e a noção de textualidade como movimento ou processo se encontra entre as reflexões de Charles O. Hartman, a saber, no conceito de "forma descoberta":

> O princípio de forma descoberta tem um influxo especial sobre a prosódia não métrica. Seu efeito de maior alcance é criar a possibilidade – ou, se levado a um extremo dogmático, a necessidade – de uma prosódia que oscilará, em seus detalhes, de uma linha para a outra, conforme requer o poema. [...] Cada linha pode e deve fazer a sua própria afirmação, deve ter seu peso particular. Quando o ritmo renuncia ao apoio de sistemas abstratos ou independentes – metro ou isocronia –, o princípio básico da linha emerge e assume o controle absoluto: não é apenas o tempo, nem apenas o acento, mas uma combinação de todos os elementos de som e sentido que deve conferir à linha algum movimento particular que justifique a sua existência individual. Os detalhes de seu ritmo são descobertos (pelo poeta e pelo leitor) juntamente com aquilo que ele diz.[39]

É também nesse sentido, no sentido da "forma descoberta" – definida por Hartman, aliás, não exatamente como forma, mas sim como "forma de pensar formas poéticas", "não como produto, mas como processo, não como estrutura, mas como operação"[40] – que a presente tradução procura se mover.

---

39 Op. cit., p. 92.
40 Ibidem, p. 86.

[...este Rhythmikon...]

[...]

Ich meditiere.
Soll ich meine, mit so großartigstem Aplomb,
mit so ausgesuchtester Courage
und unter so glänzendsten Auspizien unternommne,
von allen modernsten, genialst scharfsinnigst ausgeklügelten, kompliziertesten Hilfsmitteln der Technik unterstützte
und, wenn ich mich nicht einfach gradezu selbst ins Bockshorn jage,
wenn ich mir alles überlege
und noch einmal den ganzen Kitt schleunigst vor mir Revue passieren lasse,
bis hierher und zu diesem Punkt
doch eigentlich, schließlich und immerhin,
alles in allem,
von dankenswert merkwürdigst seltenstem Glück
begünstigte Reise,
als neuer Über-Amadis, neuer Über-Marco Polo
und neuer Über-Sindbad, der Seefahrer,
– „Wir leben in einer Epoche, in einer Epoche, sage ich, in einer Epoche!",
erhaben glorreichst fanfaronadischst pomphaftst geschwollenst feierlichst maulvollst hochtrabendst
[unvergeßliches Wort
Seiner Königlichen Hoheit,
unsres durchlauchtigsten, gnädigsten etcetra, etcetra,
wozu olle Kamellen wieder aufblättern? assez, vorüber, passé, genug! –

soll ich mein Abenteuer aller Abenteuer,
meinen Rutsch ins Romantische,
meine Eskapade ins Ultraüberkandidelttraumblaue,
kampflos,
bloß mit Rücksicht auf meine saftlos kraftlos elend marachen, rebellierend schwachen, empfindsam besaiteten
[Magennerven,
oder gar am Ende, weil mein eventuell zukünftiges Publikum,
noch schlotternd jämmerlich bangbüchsiger,
– von der hohen, von mir schon seit jeher und immer
schreckensbleich, bibbernd und auf meinen beiden sämtlichen Knieen verehrten, sich so betitelnden
[(eh-hm!) „Kritik" schweige ich –
schaudernd vor dem,
was dann aller Wahrscheinlichkeit nach, Zwölf gegen Eins gewettet,
also eigentlich bereits beinahe so gut wie totsicher, arrivieren, eintretenden Falles sich ereignen und kommen dürfte,
betreten ahnungsvollst missbilligendst indigniert grusligst zusammenschuttern und etepeteterigst zimperlich
[angstmeierischst zitternd zurückzuppen könnte,
soll ich mein so pompös prächtigst,
mit pfiffigft feurigst kühnstem Oden-, Rhapsoden- und Hymnenschwung,
idyllischst bukolischst elegischst kanzonischst kantilenischst kantatischst ekstatischst begonnenes,
fast in jeder Zeile, in jedem Absatz,
zum mindesten aber nach jedem dritten, vierten, fünften, sechsten, oder meinetwegen auch nur siebzehnten Wort,
von rollend rallend rasselnd prasselnd knitternd knatternd knallenden Alliterationen,
girrend schwirrend irrend flirrend tönend schmiegsamen Assonanzen
und ab und zu auch sogar, heimlichst, versteckt, geschickt,
von zartest,
geriebenst, durchtriebenst,
auch dem diffizilst krittelndst verwöhnt wählerisch anspruchsvollst argwöhnischsten Ohr

tändelnd kosend schäkernd verführerischst schmeichelnden,
schwebend webend bebend lebenden,
graziös perlartig auftauchenden Binnenreimen
– zu den Reimen, errötend schuldbewusst, bekenne ich mich nur in dieser rapid parenthetisch stotternden
[Form der Präteritio –
helikonisch hippokrenisch apollinisch dionysisch dithyrambisch kunstvollst durchspicktes,
von allerhand locker lustig hansquastisch münchhausiadisch erstunken schindludermäßig
[märchenkrämerischen
Interludien, Intermezzis, Kapriolen, Capriccios, Farcen, Facetien und Lügenheckereien
opulent unverschämt schnurrigst intermittiertes,
von imposant stattlichst hervorragenden, süperb bedeutsamst auserlesnen, prominent exquisit ruhmwürdigsten
Tropen,
Hyperbeln, Metaphern,
Metalepsen,
Metaplasmen, Metaphrasen und Metabasen
über und über,
gleißend pfauenschweiffunkelnd, sprühend edelsteinglitzernd,
flimmernd sternhimmelbunt,
üppigst strotzend abundant, variabelst schwellend extravagant, grandseigneurhaft sprudelndst nonchalant,
enthusiastischst schwelgendst verschwenderischst überklittertes
und, wie ich mir vielleicht wohl gleichfalls, genau mit dem selben Recht und ebenso,
ohne allzu große Überhebung, Hoffart, Aufgeblasenheit, Bramarbasierei und Selbstverhimmlung schmeicheln darf,
bis hierher und zu dieser Stelle
auch mit sozusagen bekanntst anerkennenswertst „konsequentestem Realismus" durchgeführtes Epopoion,
Fabliau
oder aber jedenfalls, mindestens, ganz fraglos, einwands- und zweifelfrei,

206

bescheidenst ersterbendst höflichst ausgedrückt,
Rhythmikon:
soll ich das alles, alles, alles,
schon vor diesem ersten, kümmerlichen, kaum der Rede werten Anlauf,
diesem doch schließlich und bei Licht besehn,
nach Maßgabe der Umstände, einfach deliziös appetitreizend lieblich lukullischen Vorkosthäppchen,
tapfer mich nach rückwärts konzentrierend,
kleinmütig memmenhaft hasenherzig, mitten in meiner eignen Bude hier,
in der ich mein Herr bin,
in der mich keiner,
so viel Wippchen, Fratzen, Faxen, Scherzos, Gestikulationen, Grimassen und Fisimatenten
bei meinen verdrehten, hirnverbrannten Monologen, dramatischen Duos, Persiflagen, Singereien
[und Extempores ich mir auch leiste,
überlegen kritisch heimtückisch kontrolliert,
in der ich jeden Moment,
sobald ich das will und ohne dass mich jemand daran hindert,
das ganze Zeugs,
den ganzen Brimborium, den ganzen Schnickschnack
aus der Luft in sein Nichts verblasen kann, aus dem ich ihn mir eben erst, übermütig, geschaffen,
soll ich das jetzt alles, alles wirklich,
wirklich,
wirklich, wirklich, wirklich und wahrhaftig wieder aufstecken?

[...]

. . . .

[...]

Medito.
Será que o que empreendo aqui
com tão imponente *aplomb*, com tão incomparável *courage*
e sob auspícios tão magníficos,
amparado pelos mais modernos e complexos artifícios da técnica, genial- e engenhosamente engendrados,
e, se eu não estiver iludido a ponto de me lançar contra o chifre de um bode,
ao ponderar tudo isso
e repassar rápido a coisa toda em revista
até aqui e até este ponto,
enfim, a bem da verdade, querendo ou não,
em suma,
será que esta viagem,
propiciada pela mais rara, grata e insólita sorte,
empreendida por mim, novo Super-Amadis, novo Super-Marco Polo
e novo Super-Simbad, o Marujo,
– "Vivemos numa época, numa época, é o que sempre digo, numa época!", –
palavras sublime-, gloriosa-, fanfarronesca-, pomposa-, vangloriosa-, solene-, verborrágica-, bombasticamente
[inesquecíveis
de Sua Alteza Real,
nossa mais majestosa, misericordiosa *et cetera, et cetera,*
mas para que remexer no fundo do baú? *assez,* passou, *passé,* já deu! –

209

será que esta minha aventura de todas as aventuras,
este meu deslize romântico,
esta minha escapada para o ultrasupercandidoniríndigo,
sem embates,
por simples respeito aos meus miseranêmicos, exaurimortos, rebeldébeis, sensitensos nervos do estômago,
talvez nas últimas mesmo, pois meu eventual futuro público leitor,
ainda mais tremenda e trementemente arredio,
(sem mencionar aquela por mim já desde sempre
pálida-, pávida-, apavoradamente adorada de joelhos, a altíssima e autointitulada (ãh-hm!) "crítica")
arrepiando-se perante aquilo
que – com toda probabilidade, aposto-doze-contra-um,
ou seja, sem dúvida alguma, com certeza quase absoluta – estaria para advir, prestes a se precipitar,
poderia se safar em sanhoso assombro, em ominosa censura, em contrafeito sobressalto, assim trêmulo, todo
[acanhado, com-o-rabo-entre-as-pernas,
será que este meu opus principiado com pompa e gala,
com o ímpeto das mais ousadas odes, das mais fogosas rapsódias, dos mais atrevidos hinos,
iniciado idílica-, bucólica-, elegíaca-, cancionística-, cantatesca-, cantilenística-, extaticamente,
pontuado a cada linha, a cada parágrafo,
pelo menos a cada três, quatro, cinco, seis ou, sabe-se-lá, a cada dezessete palavras,
por aliterações retinindo a retumbos, ribombos, ruídos, estampidos, estrépitos, estrondos,
por elegantes assonâncias ressoando, tinindo, zunindo, rulando, arrolando,
e de vez em quando, até mesmo pelas mais secretas, destras, inéditas,
pelas mais ternas rimas internas,
astutas, argutas,
capazes de captar até o mais sensível, o mais seletivo e difícil, o mais vivo, rígido e estrito dos ouvidos,

incensando-os em enlevo, seduzindo-os em folia e carícia,

elevando-se, entretecendo-se, trêmulas de tão vivas

essas rimas internas, pérolas que emergem leves,

– e admito que adiro às rimas corando contrito, mas apenas nesta forma gaga, rápida, parentética

[de preterição –

este meu opus engenhosa-, helicônica-, hipocrênica-, apolínica-, dionisíaca-, ditirambicamente pontuado

por todo tipo de divertido e descontraído interlúdio, intermezzo, cabriola, capricho, farça, facécia e quimera,

em falaciloquência hansquastiana e münchhausiana, em falacioso engodo de fadas,

este opus opulenta-, obscena- e farcescamente entremeado

pelos mais imponente e solenemente magníficos, colossal e significativamente seletos, proeminente e

[primorosamente insignes

tropos,

hipérboles, metáforas,

metalepses,

metaplasmos, metáfrases e metábases

sem fim, enfim,

este opus petriprecioso a cintifaiscar, a ofuscoruscar penas de pavão,

tremeluzindo em cores celestrelares,

opulenta- e debordantemente abundante, mutante- e dilatantemente extravagante, efervescente e

[*grandseigneur*mente *nonchalant*,

estusiástica-, exabundante-, estroinamente remendado

e, se me permitirem desse mesmo modo, justamente com o mesmo direito e do mesmo modo,

adular a mim próprio sem muito incensamento, afetação, bufoneria, empáfia e imodéstia,

isso que arrematei até aqui e até este ponto,

este *Epopoion* escrito, por assim dizer, com o mais reconhecivelmente conhecido, "o mais consequente naturalismo"

este *fabliau*,

ou – de qualquer forma, ao menos, sem mais, sem restrição e sem dúvida alguma, no mais manso, no mais modesto, no mais moribundo modo de dizer

este *Rhythmikon*:

será que tudo, tudo, tudo isso,

ainda antes deste primeiro e parco prelúdio, nem sequer digno de menção,

antes deste – por fim, sob o crivo da luz,

conforme requerem as circunstâncias – deste aperitivo simples-, saborosa-, deliciosa-, aliciantemente lucúleo,

enquanto me retroconcentro firme,

receoso, coração-de-coelho, acanhado aqui no meu canto,

no qual sou senhor de mim,

no qual ninguém me controla,

sejam quais forem os gracejos, as caretas, os trejeitos, os *scherzi*, as gesticulações, as grimaças, as facécias que
[eu faça

em meus encefalincendiários e amalucados monólogos, em meus duetos, em minhas paródias e cantorias,

em meus improvisos dramáticos,

fora de alcance de qualquer controle refletido, crítico e ferino,

aqui no meu canto, onde – a qualquer momento,

assim que eu quiser e sem que ninguém venha a me impedir –

eu poderia fazer esse negócio todo,

todo esse pandemônio, todo esse bricabraque

desaparecer no ar em meio ao nada de dentro do qual eu, eufórico, acabei de criá-lo,

será que devo mesmo,

mesmo,

mesmo, mesmo, mesmo, de fato, deixar tudo isso de lado?

[...]

. . . .

A Tradução do Movimento

O ponto de partida da reflexão e da prática que norteou esta proposta de tradução foi a formulação de um conceito de linguagem (poética) com base naquilo que o *Phantasus* 1916 veicula e realiza como texto. O fato de se tratar de um poema de vanguarda, no qual a linguagem em sua performance e materialidade é de fundamental importância, reforça a opção por esse ponto de partida. Além disso, em se tratando de um texto poético da vanguarda europeia do início do século xx, a investigação da concepção de linguagem se faz à luz do ceticismo moderno em relação à possibilidade de se representarem os fenômenos extralinguísticos via palavra. Desse modo, definir o conceito de linguagem (poética) realizado por um texto de vanguarda implica rastrear como se manifesta nele (a reação a) a crise da linguagem.

Segundo se rastreou anteriormente, Arno Holz formula a crise da linguagem como consequência das discrepâncias entre um gesto programático intencional do texto e seu resultado estético (calculado ou não), algo que remete àquilo que ele mesmo destacava – desde seus experimentos naturalistas – como o ponto nevrálgico da consumação de uma obra de arte. O programa de enfrentamento da crise da linguagem no *Phantasus* 1916 inclui a potencialização da dimensão material (gráfica e sonora) das palavras, o impulso neologístico, a livre extensibilidade das frases e dos versos, bem como a atribuição de um valor de significação à espacialização do texto em modo partitural, entre outros fatores que colaboram para colocar em evidência o caráter corpóreo da linguagem, do texto e do livro. O uso contínuo desses procedimentos de intensificação da expressividade e do poder de encenação da linguagem, associado ao impulso de incessante reescrita, incorre no risco de reverter o texto literário em uma textura ilegível e inapreensível em seu acúmulo verbal, em sua extensão e em sua opacidade. Em outras palavras: no projeto Phantasus, a tentativa de enfrentar a crise da linguagem por meio de uma potencialização dos recursos poéticos acaba por revelar, de forma ainda mais perceptível, os sintomas da própria crise.

No projeto Phantasus, desenvolvido ao longo de quatro décadas, podem-se notar concepções distintas de linguagem poética, dependendo da edição da obra. Caberia distinguir três momentos: a primeira versão de *Phantasus* em livro, de 1898-1899; a edição de 1916, objeto desta tradução; e as de 1925 e 1961, que se diferenciam entre si quanto à extensão e ao grau de radicalismo dos procedimentos, mas não quanto ao conceito de linguagem. A primeira edição, da qual remanesceram alguns poemas praticamente intactos nas posteriores, se distingue das demais por ainda ser uma coletânea de poemas isolados, mas também pelo fato de os poemas introduzirem – por meio dos ritmos livres – um novo tipo de segmentação do discurso poético na literatura de língua alemã e absorverem as pausas ao fim de cada linha como parte da significação textual. A incorporação do silêncio como contraponto à palavra poderia ser considerada um aspecto central da concepção de linguagem do *Phantasus* 1898-1899. Já a edição de 1916 responde à crise de representatividade da palavra por meio de uma potencialização da linguagem poética. A intensidade do gesto poético – enumerativo, neologístico, autorreferencial – se revela como uma busca de linguagem, de modo que a textualidade passa a ser concebida como movimento: movimento de contínua reescrita, dinâmica de montagem verbal, moção primordialmente sonora de uma deriva textual, para citar apenas os principais fatores cinéticos do *Phantasus* 1916. Desde a edição de 1925 até a interrupção da reescrita do poema em 1929, a linguagem volta a seguir padrões numéricos, mesmo que menos transparentes que os das formas poéticas fixas. Ao proclamar uma "mística numérica" da escrita, supostamente incipiente na versão de 1916 e levada a cabo de modo deliberado nas edições subsequentes, Arno Holz resgata uma motivação apriorística da composição poética, renegando a concepção de uma rítmica diretamente ligada ao ato de verbalizar.

Para o *Phantasus* 1916, a dinâmica instável de ressignificação e dessignificação característica do processo de (re)escrita do poema representa o modo de engendramento textual a ser resgatado na operação tradutória.

Em relação aos três eixos de instabilidade diagnosticados no poema, a tradução faz intervenções específicas, a fim de reencenar as aporias deles advindas.

Quanto ao que se denominou "totalidade fragmentária", ou seja, o ímpeto verbal onivoraz que, quando intensificado, incorre em fragmentação e pulverização semântica, a tradução propõe um movimento – de certa forma – contrário. O processo de ampliação sintático-textual por meio do inflacionamento vocabular, típico da reescrita enumerativa de *Phantasus*, se modifica na tradução. Enquanto o texto alemão tende a se expandir à medida que enumera palavras de uma mesma classe gramatical em sequências lineares, a tradução muitas vezes reagrupa esses termos sequencializados, transformando inclusive estruturas paratáticas em sintagmas hipotáticos:

„Als träge, langsam stapfend schrittweis, schwerfällig fleischwanstig ungeschlacht, giraffenhalsig hornschildig

[haushoch wandelnde Riesenechse […]."

(Como lagarto largo e lasso, com carapaça córnea e pescoço de girafa, deslizando em disforme corpulerdeza

[a passo pesado e compassado […].)

Em alguns casos, sequências vocabulares – especialmente adjetivos precedidos de advérbios – são compactadas em palavras compostas, um procedimento que também visa a constituir núcleos semânticos que relativizem a tendência textual de disseminação de sentido, a fim de equiparar as forças de constituição e diluição de sentido no poema. Com essa atenuação do procedimento enumerativo linear, a tradução busca estabelecer um grau de tensão análogo ao do original no que diz respeito ao equilíbrio entre especificação semântica e fragmentação do sentido, a fim de restabelecer um atrito balanceado entre as duas tendências.

O jogo de forças, aqui analisado sob o conceito de "ruído da notação", refere-se à tensão entre nitidez e difusão, legibilidade e ilegibilidade. Embora o procedimento enumerativo, que ocasiona o adiamento indefinido da finalização dos períodos sintáticos, tenda a diluir uma imagem coesa do estrato figurativo do poema (uma situação ou uma cena visualizável, por exemplo), as palavras compostas em alemão, em geral dotadas de grande transparência visual, garantem uma nitidez imagética que compensa essa outra tendência. Transformar, esporadicamente, estruturas paratático-enumerativas em sintagmas nominais dotados de um núcleo e de elementos periféricos pode contribuir para manter a tensão entre o visualizável e o menos visualizável em *Phantasus*:

„Als grimmer, breitschultrig kiefernmassig augenbrauenwulstig plattnasig lederbraun graurot schieferschwarz düstrer, / herkulisch dickhalsig kurzschenklig langarmiger, gedunsen trommelbäuchig zottiger, / vorsintflutlicher Androdryopithekus, / in einem irren, wirren, flirren Zauberfabelmärchenwald / von seltsamst riesigst kolossischst himmelhochragendst wunderbaren, betäubendst lilienglockenblütenduftend blätterbunten, palmkronenbüschlig rindenringligen Drachenblutbäumen, / mit gesträubtem Kamm und gefletschten Eckzähnen den anderthalbcentnerschweren Granitblock in der rechten, buschig puschig pelzborstig behaarten Schleuderfaust, / verteidigte ich, hochaufgereckt, / gegen das wütend sich bäumende, pfauchende, zischende, züngelnd kringelnd sich windende, / speichelnd mordhungrig fraßgierig rachenweitauf den dürren, glühend sprühend blühend brühen Grasboden peitschende Pythonungetüm, / mein Nest, mein Weib und mein Junges!"

Em cólera, em ombrivasta, maxilarga, sobransaliente, nasichata, couricastanha, gris-rubra, ardosinegra tênebra, / assim hercúleo, pescocigordo, coxicurto, longitentacular, em obeso ventripotente desgrenho, / como pré-diluviano antropopiteco, / em um lusco-louconfuso bosque de faz-de-conto-de-fábula, / com palmibrenhosos cortexconcêntricos pterocarpos de rara desmesurada maravilha alçando colossal céu-acima, em entorpecente aroma / colorifólio de lis-em-flor, / com desgrenhada crina e caninos arreganhados, com um bloco de granito de cinco arrobas à mão direita, girando o brenhoso punho peludo-hirsuto, / ergo-me ereto e, / diante do monstruoso píton a se empinar em fúria, bufando, silvando, sibilando, a se enroscar e se contorcer, / salivando mortissedento e ávido de repasto, esse escancara-bocarra açoitando a seca, chamejante-, faiscante-, florescentemente escaldante grama rasteira, / defendo meu ninho, minha fêmea e minha prole!

Quanto ao que aqui se tem denominado "autonomia aderente", ou seja, a tendência de o texto seguir a dinâmica dos significantes, gerando efeitos de identificação fisionômica entre palavra e imagem mental do referente ou entre palavras adjacentes, a tradução tende a enfatizar mais esta segunda vertente, exacerbando a contaminação sonora entre palavras sequenciadas, a fim de se configurarem sintagmas em que os elementos se relacionem por afinidade fônico-fisionômica. Em um nível bem diferente, a tradução tende a realçar o gesto de autonomização ou de autorreferencialidade linguística: o uso de um léxico menos usual na linguagem corrente, muitas vezes restrito aos dicionários, tem ainda a função de mostrar que a escrita também é conduzida por conexões meramente sinonímicas ou por associações sonoro-fisionômicas entre as palavras. Embora a linguagem de Arno Holz tenda a não se distanciar do léxico corrente, excetuando-se os casos explícitos de apelo a algum jargão específico (paleontológico, geológico, entre outros) ou a registros dialetais, aqui considera-se que a tendência enciclopédica do projeto Phantasus, cujas séries enumerativas de palavras muitas vezes já soam como um dicionário, justifique a mobilização de um léxico fora do uso corrente e do repertório da fala, sobretudo se a escolha vier a implicar efeitos de sonoridade.

A localização dos focos de tensão que instabilizam a linguagem, dinamizam a significação e funcionam como estímulo propulsor do texto original é a base do processo de tradução como movimento. Não se trata de reconstituir uma forma, mas de restabelecer as condições da instabilidade geradora do movimento do texto ou – usando uma formulação de Robert Wohlleben em relação ao Phantasus – a sua "moção profunda"[1].

No caso de Phantasus, escrito ao longo de quatro décadas como "obra em expansão" (Haroldo de Campos), essa "moção profunda" deixa marcas em cada fase do poema, podendo-se confundir com a trajetória genética do texto. No entanto, o diagnóstico de uma textualidade em movimento na obra poética central de Arno Holz não se refere somente ao processo de reescrita de Phantasus ao longo de suas edições. O fato de Arno Holz ter concebido as fases iniciais do poema como fragmentos, e ter retrabalhado esses textos preexistentes nas fases posteriores, permite ao tradutor operar com uma visão diacrônica da obra, diferenciando abordagens tradutórias diversas para momentos distintos do texto. Além disso, encarar a tradução como a produção de uma dinâmica estética análoga à operante no original implica a opção de não necessariamente se reproduzirem procedimentos pontuais do texto estrangeiro, mas sim de encará-los como estratégias textuais em sua virtualidade, aplicáveis quando o tradutor considerar necessário. Esses posicionamentos fazem

---

1 Der wahre Phantasus: Studie zur Konzeption des Hauptwerks von Arno Holz, Die Horen, v. 4, n. 114, p. 100.

jus à forma do poema longo, apontando uma identificação com o método composicional do autor e com a noção de escrita como movimento, ação e dinâmica.

Mesmo diante do processo de dessignificação em *Phantasus*, o movimento verbogenético do texto permanece como gesto prosódico. Isso é algo que não se configura em palavras, mas continua sendo marcado pelo ritmo, independentemente do grau de legibilidade sintático-lexical do trecho em questão. Ou seja, apesar do ruído gerado pela expansão incontida da obra, a escrita se mantém nítida do ponto de vista gestual, como movimento prosodicamente oscilante. Isso significa que a opacidade verbal não neutraliza os principais "atos de fala" identificáveis em alguns impulsos do texto – o enumerativo, o hiperbólico, o narrativo-protelador, o detalhador, apenas para citar alguns. A presente abordagem tradutória opta por seguir o *Phantasus* em seus "atos de fala" mais contundentes, atendo-se textualmente à processualidade da escrita e ao gesto disseminador da escrita (a *écriture* derridiana), a fim de constituir na tradução a instabilidade e a não unidade da obra original[2].

Cabe ponderar até que ponto a presente proposta tradutória de *Phantasus*, de Arno Holz, pode ser estendida para a tradução de poesia de vanguarda em geral. Conforme mencionado anteriormente, o fato de *Phantasus*, a partir da edição de 1916, ser um poema lírico longo talvez dificulte a generalização de pelo menos uma estratégia deste projeto tradutório: a de recorrer ao repertório de procedimentos do original conforme a progressão da escrita da tradução o exigir, sem se comprometer com a reprodução simétrica – ou seja, no mesmo lugar de incorrência no texto – dos recursos textuais. Em poemas líricos mais breves, como é o caso de alguns traduzidos nesta amostra textual de *Phantasus*, a simetria na aplicação dos recursos é mais pertinente, considerando que o espaço para se compensar uma "perda" na tradução não é tão amplo quanto em um poema longo, havendo uma margem menor para o deslocamento de estratégias poéticas. De modo geral, no entanto, apesar dessa restrição, não se exclui a possibilidade de a operação tradutória optar pelo deslocamento mesmo em textos mais breves.

2   Essa concepção do ato tradutório como dinâmica e movimento revela afinidades com o pensamento de Henri Meschonnic e de Haroldo de Campos, autores que convergem no destaque ao caráter (cri)ativo da tradução, mesmo que teorizem acerca de suas respectivas práticas tradutórias sobre bases conceituais distintas. A respeito do que distingue as visões de Meschonnic e Haroldo de Campos entre si e da presente proposta, ver S. Homem de Mello, *O "Phantasus" de Arno Holz e a Tradução de Poesia de Vanguarda*, p. 285-293.

Outra especificidade de *Phantasus* em relação à poesia de vanguarda é a trajetória singular de Arno Holz na história da literatura europeia. O fato de o ponto de partida de sua iniciativa programática de inovar a literatura alemã da época ser o naturalismo o distingue de parte dos autores de vanguarda que levaram adiante conquistas do simbolismo francês. Além disso, embora celebrado pelos futuristas como um importante representante da poesia em verso livre e embora reconhecido pelos expressionistas como um precursor de sua inventividade poética, Holz sempre recusou a filiação a quaisquer ismos, tendo se mantido distante – desde o seu afastamento do grupo berlinense Durch!, em 1887 – de quaisquer movimentos artísticos coletivos. Embora tenha aventado a ideia de criar uma revista internacional nos anos 1880 e tenha sido publicado em algumas das principais revistas modernistas internacionais até a década de 1920, Holz não se engajou em nenhum tipo de movimento internacional ou transnacional. Além do breve período de participação no grupo Durch!, na segunda metade dos anos 1880, e de alguns anos de convivência com os escritores jovens que o tratavam como mentor e compunham um círculo em torno dele por volta de 1900, Holz geralmente se manteve à margem de quaisquer redes de escritores, sobretudo após imergir no projeto Phantasus, durante as últimas três décadas da sua vida. Embora tenha sido contemporâneo de todos os movimentos literários de vanguarda do século XX e testemunhado o início e o fim de todos eles, o autor de *Phantasus* não participou de nenhum como ativista.

Mesmo minimizando a relevância dos ismos e dos movimentos artísticos coletivos e programáticos, Holz foi reconhecido por eles como antecipador de suas causas. Foi considerado pelo editor e por autores da revista *Der Sturm* pioneiro na abolição da métrica e da rima e referência explícita da poesia expressionista, além de ser apontado como precursor de uma poesia consciente da materialidade da linguagem pelos representantes das vanguardas literárias dos anos 1950. A sua "arte verbal" (*Wortkunst*), centrada no funcionamento intrínseco ao material poético, foi adotada e radicalizada pelos poetas expressionistas. Seus poemas do primeiro *Phantasus* (1898-1899) foram considerados precursores do imagismo pela crítica anglo-estadunidense da época e de hoje. Além disso, alguns princípios poéticos concebidos por Holz em *Phantasus*, como a ideia da diagramação do poema como partitura ou a ideia de uma arquitetura numérica subjacente ao texto, o tornariam uma referência para a poesia acústica e para a poesia matemática, para citar apenas duas outras tendências de vanguarda posteriores. Independentemente de o projeto estético de Holz dialogar ou não com certas vertentes e com certos autores das vanguardas literárias do século xx, a crítica holziana faz inúmeras associações de sua obra com escritores que radicalizaram o trabalho com a materialidade da linguagem, baseando-se na comparação de procedimentos poéticos adotados no *Phantasus* com os praticados por autores posteriores.

Apesar de algumas especificidades de *Phantasus* não poderem ser generalizadas para toda a poesia de vanguarda, e apesar de Arno Holz sempre ter discordado do enquadramento de sua obra em qualquer vertente coletiva, o reconhecimento de sua influência sobre os movimentos posteriores de vanguarda já o torna, em certa medida, um referencial para a reflexão sobre tradução de literatura de vanguarda.

Arno Holz, desde os seus experimentos narrativos naturalistas com o *Sekundenstil* até a última versão de *Phantasus*, sempre procurou se posicionar em relação à crise da linguagem e ao ceticismo diante do potencial de representação da palavra, fenômenos que começam a se intensificar no espaço cultural de língua alemã no final do século xix. Sua renúncia a princípios convencionais da mimésis se dá por meio da convicção da discrepância entre a concepção criadora do artista e os meios de que ele dispõe para representá-los. Outros traços fundamentais das vanguardas literárias que se reconhecem em sua obra poética são a transgressão das fronteiras entre a arte verbal e as outras artes, algo que se manifesta na adoção de princípios de composição pictórica (derivados, sobretudo, da gravura japonesa) como fio condutor da poesia, bem como a concepção do poema como partitura, além dos jogos de sonoridade radicalizados nas fases posteriores de *Phantasus*. O hibridismo de gêneros literários explorado por autores de vanguarda também se reconhece em *Phantasus*, uma obra lírica de dimensões épicas com longas passagens dialógicas. Outro tipo de mistura a que sua principal obra poética se mostra afeita é a discursiva, sendo ele um dos primeiros autores de língua alemã a misturar na poesia a fala cotidiana, os jargões científicos e os registros dialetais, além de praticar a colagem de textos preexistentes.

Outro traço vanguardista de *Phantasus* é a tendência à dessemantização. Apesar de a linguagem de *Phantasus* não renunciar ao vínculo referencial, os mecanismos de reescrita e de inflacionamento verbal deixam transparecer a despreocupação holziana em relação aos padrões de compreensibilidade e de legibilidade de grande parte de seus contemporâneos. Foi esse traço que levou Alfred Döblin a inserir a obra poética holziana no campo da abstração ou da não figuratividade e a comparar o seu *Phantasus* à linhagem pictórica de Kandínski.

Esse efeito é alcançado por um uso inovador do material linguístico e por procedimentos literários novos; no caso de *Phantasus* se destacaria a dissolução da linearidade tradicional da escrita por meio do processo de reescrita e de expansão contínua da obra. Entre outros recursos recorrentes nas manifestações literárias de vanguarda, podem-se mencionar a atribuição de uma valência autônoma à escrita em sua dimensão corporal e o uso das letras em seu apelo visual, bem como a valorização do nível acústico da linguagem, de modo a se suspender a hierarquia entre palavra, imagem e som. O procedimento da colagem ou montagem, típico dos produtos artísticos mais radicais de vanguarda, também se manifesta em diversos níveis de *Phantasus*: seja por meio da mistura de discursos, por meio de citações de dicionários e enciclopédias ou pela incorporação de uma pauta com notas musicais ao poema, a obra-em-expansão holziana – em sua vã voracidade de abarcar o mundo pela escrita – questiona o limite entre realidade extralinguística e obra de arte verbal, um dos mais centrais da arte de vanguarda.

No entanto, não são esses procedimentos típicos da literatura de vanguarda que constituem o foco do presente projeto tradutório. Afinal, os recursos em si podem ser utilizados de múltiplas formas e com intuitos estéticos diferentes, dependendo da obra e do autor em questão. O foco da estratégia tradutória aqui proposta é a correspondência com o motor conceitual-linguístico que os gera, ou seja, com o impulso de linguagem que subjaz à obra. É nesse ponto que a presente proposta se mostra generalizável para qualquer manifestação da literatura de vanguarda do século XX – e talvez para qualquer produto da "literatura de invenção" de outras épocas. Embora seja uma estratégia fundamental da tradução, a transferência de procedimentos só dá conta da reprodução de uma estrutura superficial do texto, passando ao largo de sua estrutura profunda. A estrutura profunda não somente se liga àquilo que se presentifica materialmente no texto como recurso ou como fato de linguagem, mas também se constrói pela ausência daquilo que exclui ou combate deliberadamente – algo contra o qual se dirige o impulso de escrita, algo ausente em torno do qual se molda o texto, algo que o texto presentifica *ex negativo*. O ato tradutório que apenas transfere os procedimentos textuais do original para a tradução deixa de lado o que move o texto de vanguarda: o direcionamento verbal ou textual ou escritural contra algo nunca se presentifica, a não ser como alvo ou como ponto de fuga que se distancia a cada movimento na progressão do texto. Alguns aspectos indicadores de como o ritmo se delineia em direta relação com aquilo que o texto exclui são, por exemplo, a ênfase e o tom, fenômenos de uma apreensibilidade menos nítida do que, por exemplo, as relações de sonoridade ou a estruturação sintática.

Aquilo com o que o texto se embate ou aquilo que o texto combate está, sabidamente, na própria etimologia do termo "vanguarda". O termo militar que se refere à frente da tropa de combate, responsável por reconhecer o terreno e preparar as ações para a retaguarda, foi transferido para o campo da cultura por representantes do primeiro socialismo na França na primeira metade do século XIX. Essa origem faz jus ao ímpeto confrontativo[3] dos movimentos artísticos do início do século XX, que já foram avaliados como mais passíveis de serem descritos por aquilo que negam do que pelo que são. É esse aspecto da literatura de vanguarda que fica em evidência quando a tradução se propõe a partir do conceito de linguagem que o texto realiza à medida que exclui e combate outros discursos também operantes em sua ausência. A fim de se verificarem as marcas do que o texto deliberadamente exclui, mas acaba representando *ex negativo*, o projeto tradutório necessariamente passa pelo estudo do horizonte linguístico-filosófico do autor e de sua época. É com base nessa especificidade que se podem detectar textualmente o que o texto busca e o que ele evita. Isso possibilita traduzir a singularidade do texto como linguagem, como escrita (*écriture*) e como produto singular de um autor e de uma época.

O que está implícito na presente abordagem é a convicção de que traduzir a obra a partir de seu horizonte conceitual-linguístico necessariamente implica traduzir o autor. Ao contrário da tradução de meras superfícies textuais, em grande parte desenhadas pelos procedimentos adotados, o que aqui se propõe é traduzir a particularidade do autor em relação aos discursos operantes em sua época. Além disso, é na trajetória poética do autor que se pode identificar quais são as suas buscas mais duradouras e quais interesses se restringem

---

3   A transferência do termo do campo semântico militar para o artístico é atribuída a Benjamin Olinde Rodrigues, em um texto de 1825 intitulado "l'artiste, le savant et l'industriel", iniciado da seguinte forma: "Somos nós, artistas, que serviremos de vanguarda: afinal, o poder das artes é o mais imediato e o mais rápido. Temos armas de todos os tipos: quando queremos propagar ideias novas entre os homens, nós as escrevemos sobre o mármore ou sobre a tela… Que destino mais belo o das artes, o de exercer pressão sobre a sociedade, um verdadeiro sacerdócio, e de se lançar à frente de todas as faculdades intelectuais, à época de seu maior desenvolvimento!"

a momentos específicos de seu percurso literário. Muitas vezes o tratamento da linguagem em uma obra é consequência de uma mudança deliberada em relação a padrões estéticos anteriormente adotados pelo autor ou ao impulso de variação em relação a práticas imediatamente predecessoras da obra em questão. Definir o lugar que a obra ocupa no percurso literário do autor também pode ser relevante para o projeto tradutório como outra marca de historicidade. Diferenças de concepção de linguagem eventualmente reveladas na investigação da trajetória do autor, mesmo possíveis mudanças de sua perspectiva ao longo desse percurso, muitas vezes explicam por que ele adota ou deixa de adotar certos movimentos discursivos. Ciente disso, a tradução poderá caracterizar com maior propriedade o lugar da obra em questão dentro do percurso do autor. Portanto, o tipo de historicidade que esta proposta tradutória revela é, por um lado, específica de um recorte discursivo individual, mas, por outro, permite estabelecer com maior acuidade quais manifestações literárias de outros autores e eventualmente de outras épocas revelam afinidades intertextuais e interdiscursivas com a obra que está sendo traduzida e até que ponto a tradição literária posterior à obra pode ser de interesse para o projeto tradutório. A perspectiva linguístico-filosófica do autor certamente faz parte de um contexto epocal, mas também pode ser mobilizada para o estabelecimento de referências "transepocais", para utilizar um termo de Haroldo de Campos[4].

---

4 No artigo "De Holz a Sousândrade", publicado no Suplemento Literário de *O Estado de S. Paulo* (17 nov. 1962), Augusto e Haroldo de Campos apontam afinidades entre Arno Holz e o poeta maranhense Sousândrade (1833-1902), ou, mais especificamente, entre suas respectivas obras *Phantasus* (1885-1929) e *O Guesa Errante* (1858-1888): "Entre nós, as criações de Holz adquirem particular significado se confrontadas com as invenções léxicas da obra poética de Sousândrade, o esquecido mas genial maranhense da nossa segunda geração romântica. De fato, no léxico sousandradino, chama desde logo a atenção, pela alta incidência e pelo inusitado dos efeitos obtidos, o procedimento morfológico da composição de palavra." (A. de Campos; H. de Campo, *Re Visão de Sousândrade*, p. 509.) À parte os procedimentos neologísticos de Sousândrade – também praticados por "árcades e rococós como Filinto Elísio e Odorico Mendes", embora nem sempre com "igual eficácia estética", segundo lembram os autores do artigo (idem, *Re Visão de Sousândrade*, p. 511), o poeta de *O Guesa Errante* também seria passível de outras comparações com Arno Holz. Alguns traços apontados por Augusto e Haroldo de Campos em *Re Visão de Sousândrade* (1964) também poderiam ser atribuídos ao poeta alemão. Isso inclui o estigma de um poeta que escreveu obras para o futuro, incompreendidas por sua época; a profusão de procedimentos radicais de linguagem, que chegou a ser qualificada pela crítica – no caso de ambos os poetas – de "patológica"; a antecipação de elementos do imagismo, movimento da poesia de vanguarda de língua inglesa, reconhecidos pela crítica em ambos os autores; o cultivo de um estilo conversacional-irônico; o enquadramento de *Phantasus* e de *O Guesa Errante*, pela crítica, no gênero do "poema longo"; e, sobretudo, a ideia – presente em ambos os poetas – de que só se revoluciona a poesia por meio da renovação da linguagem poética.

225 O que se pode generalizar da presente proposta teórico-tradutória para a tradução de poesia de vanguarda é a priorização do impulso de linguagem que move a obra em questão, a ser identificado por meio da formulação da concepção de linguagem que ela textualiza. Embora a tradução crie um ritmo próprio, em função da especificidade fônico-prosódica da língua para a qual se traduz e do movimento de escrita que lhe cabe perfazer, esse ritmo – codefinido por outros fatores, como prosódia, ênfase e tom – será moldado de acordo com impulsos discursivos análogos aos do original. Desse modo, esta proposta pode tornar claras diferenças funcionais e operacionais entre procedimentos considerados característicos de obras de vanguarda e passar a revelar uma topografia mais particularizada de um período histórico-literário geralmente abordado *en bloc*.

Esta reflexão sobre a tradução poética como dinâmica escritural toma como ponto de partida a poesia de vanguarda, um objeto que requer uma atitude inventiva, e muitas vezes interventiva, por parte do tradutor. Tendo o texto de vanguarda um gesto de ruptura em relação a alguma ordem estética preestabelecida, ele implica uma ação programática. Para a poesia, um gênero que possibilita o uso da linguagem em sua máxima potência, a ação – no sentido de performance – também é central, pois o que o texto poético diz não se dissocia daquilo que ele faz. A própria natureza da poesia de vanguarda requer, portanto, uma abordagem tradutória ativa e dinâmica.

Aqui se propõe que a tradução de poesia, especialmente de vanguarda, busque corresponder ao original em um ponto preciso: àquilo que coloca a escrita em ação, ou seja, ao impulso de linguagem. Para tal, sugere que o ponto de partida da iniciativa tradutória seja formular a concepção de linguagem que norteia e mobiliza o texto. Essa concepção é apreensível por meio de indicadores textuais, como certos procedimentos poéticos em sua funcionalidade estética, bem como por meio dos gestos de linguagem, espécie de atos de fala que se manifestam na escrita por meio das nuances de ênfase, de tom e de ritmo. Uma compreensão da performance da linguagem na obra a ser traduzida, bem como o conhecimento de outras obras do autor contribuem para se definir a singularidade estética daquela. A dinâmica da obra torna-se mais nítida, contudo, quando se investiga a postura que o escritor assume (nesta obra, no conjunto de sua produção literária e em eventuais textos teóricos) diante dos discursos estético-literários correntes em sua época. O embate do texto com aquilo de que ele pretende desviar, ou que ele se dispõe a combater, permite captar com maior exatidão a singularidade histórico-literária da obra.

Apreendida a concepção de linguagem que mobiliza o texto em múltiplos aspectos, pode-se começar a esboçar um projeto tradutório que faça jus à dinâmica textual. A formulação daquilo que funcionaria como motor do texto serve como ignição para um movimento escritural próprio da tradução. Além da apreensão dos gestos de linguagem, isso implica a delimitação de um repertório de procedimentos poéticos que viabilizem concretamente, ou seja, por meio da mobilização da materialidade da linguagem, a ação do texto. Essa proposta requer que o tradutor incorpore a concepção de linguagem do autor e a mobilize em prol da potencialização poética de seu texto. Assim, aquilo a que se pretende corresponder é menos o texto como produto do que o modo de textualização.

A operação tradutória aqui proposta é movida pelos gestos discursivos e se move estritamente dentro do repertório de procedimentos poéticos identificados no original. No entanto, o que assegura ao ato tradutório um dinamismo escritural é a possibilidade de se mobilizarem livremente os recursos do original em prol de uma intensificação poética. O que se busca, em primeiro lugar, é uma correspondência com o impulso de linguagem do original e com o seu movimento da textualização, e não necessariamente uma simetria em relação ao texto como produto. Esse tipo de tradução permite deslocamentos funcionais no uso dos procedimentos do original, além de abrir espaço para uma eventual intensificação de sua poeticidade.

Essa abordagem teórica também pode contribuir, em certa medida, para o entendimento do papel autoral do tradutor. Propondo-se a se mover dentro do horizonte conceitual-linguístico do autor, preferencialmente com conhecimento de sua obra como um todo, e a operar dentro dos limites do seu repertório de procedimentos poéticos, o tradutor tem a liberdade de configurá-la com maior ou menor grau de simetria em relação ao original. Nesse caso, a noção do ato autoral está ligada ao modo de configuração textual advindo da progressão da escrita tradutória.

Quanto mais se conhecer a obra integral do autor, mais recursos se podem mobilizar para a tradução, considerando que alguns elementos do original tendem a se tornar mais nítidos por meio da observação de sua recorrência ou raridade na produção do autor como um todo. Além disso, quanto mais se conhecer a recepção do autor e da obra em questão em outras literaturas, por meio de (re)traduções ou de obras literárias alusivas, de mais elementos o tradutor disporá para tornar a sua tradução um ato crítico e revelar a sua própria singularidade. Ao refletir na tradução a trajetória da obra na tradição literária, como faz este estudo ao resgatar a recepção de *Phantasus* pelas vanguardas da década de 1950-1960, o tradutor passa a explorar outro espaço de referências do qual pode extrair elementos para a sua tradução e mostra estar ciente da especificidade histórica de ambos os textos. Outro âmbito que a tradução pode recuperar para ampliar o seu campo de ação é o do eventual resgate de estratos da tradição pela obra original, como ocorre em *Phantasus* com o discurso científico-evolucionista, por exemplo. Essa amplitude de parâmetros histórico-literários e de referências textuais pode ser incorporada, em maior ou menor medida, ao projeto tradutório, de forma que o repertório de recursos do tradutor acabará se diversificando com o aprofundamento de seu conhecimento sobre a obra e seu contexto. Quanto mais elementos indicadores da historicidade da obra o tradutor incorporar ao seu projeto, mais ele ampliará o seu campo de ação autoral, sem incorrer no risco de se apropriar arbitrariamente do original como mero pretexto de sua criação. Ou seja, quanto mais o tradutor se aprofundar em seu objeto, mais autoral será o seu trabalho, pois ele disporá de um conjunto cada vez maior de elementos para respaldar as suas opções tradutórias. Afinal, a autoralidade também se revela na opção por uma alternativa tradutória em detrimento de várias outras. Quanto mais autoral nesse sentido, mais a tradução se inserirá como obra autônoma na tradição literária e menos será tratada como um produto derivativo. Afinal, a sua contribuição terá sido potencializar a poeticidade da obra e condensar elementos de sua história, desde o contexto de surgimento até a recepção, passando por referências intertextuais, além de explicitar o lapso temporal que separa original e tradução. Assim ela resguardará a sua singularidade, em correspondência com a singularidade que uma obra de vanguarda pretende ter.

Especificamente destinada à poesia de vanguarda, esta proposta teórico-tradutória não deixa de ser transferível para outros textos literários. A produtividade dessa transferência será, no entanto, diretamente proporcional ao grau de elaboração da linguagem literária da obra em questão.

[...corredores se enleando labirínticos...]

[...]

Das Futt-Blutt und Dutt-Dutt,
das Kolibrinest,
das Lösen des Gürtels, den Dattelbaum,
den errötenden Lotos, das Girrtaubenlachen,
die Lilienumarmung, den Schmetterling,
das Beseitigen des Stolzes,
das Härchensträuben,
das Sitt-Sitt und Sutt-Sutt und Himm-Hamm-Himm,
das Pressen der Brüste, den Knospentrunk,
das sich Öffnen und Schließen,
den Ring, den . . . Bloß nicht!! Bloß nicht!! Um Gottes willen bloß nicht!! Bloß nicht!! Bloß nicht!!... Den
[Ring, den Stieg!
Mir ist zu Mut… mir ist zu Mut… mir ist zu Mut…
Den Ring, den Sieg!
Das Füllhorn, den Fischkopf, die Freudensekunde,
den Wildpfad durchs Dschungel,
den Obelisk,
den Dolchschrei, das Schlupftor, die Festungsmauer, den geschleuderten Wurfspieß, den durchbohrten Schild,
die Halle, das Teehaus,
das Tabernakel,
das Sakeschälchen, das Amulett,

den Pfriem, den Rammpflock, den Pilz, den Fetisch,
den Lingam aus Jade,
den Patagan,
die durch Wolken sich wühlende Silbersichel, den grabenden Pflug, das Stiergespann,
die strotzendst schießendst saftsteifst fleischigst steile, purpurkolbige Aloe, die blühendst schleirigst rosarotst
[üppigst feiste, schwebendst fedrigst fächrigst sich
[spreitende Tamariske,
das große, glühendst buhlerischst blattnacktst starrstämmigst schlangenarmigst himmelanstrebendst sich
[umästelnde Sykomorenpaar,
das sich wellendst wiegendst windspaltendst wogende Durrhafeld,
die Zysterne, den Schöpfbrunnen,
das Wasserrad,
den Einbaum, den Lackbaum, die Libanonzeder, das Mangrovendickicht, das Ausliegerboot,
die starke, prachtvollst plankengliedrigst gediegenst breite, gewaltigst machtvollst stromanrudernde
[Indusbarke,
die hohe, gedrungenst stolzschlankst segelgeschwellte, flammendst flackerndst flatterndst drachenbeflaggte
[Pang-tse-kiangdschunke,
den Schiffsschnabelwettlauf, die Gangestreppe, die schwingende Punkah, das Perlentauchen,
die Laterne, den Strohschirm, den Saal der Herrlichkeit,
den Fächer, die Fackel, den Opferpfahl,
den Somatrank,
die Silbe Om,
die lange, lärmendst lachendst ausgelassenst schnurgerade, seligst lebenslustigst lampenglitzerndst wimmelnde
[Ioshiwaragasse,
den Backzahn des Buddha, die Mitramütze, die Purpurschnecke, den Aronstab,
die Pagode, die Dagobe, die Felshöhlenkrypte, die sich türmende Gopura, die Pfeilermoschee,
die Zypressenstraße, den . . . Bloß nicht!!... Bloß nicht!!... Bloß nicht!!... den Tädsch-Mahal!

Wände aus Chrysopras, Treppen aus Turmalin, Säulenbögen aus Beryll,
Decken aus Opal,
lange, saphirne, gagatne, türkisne,
topasne, korundne
sich labyrinthischst verwickelnde Korridore, die, wie es scheint, sich immer verrückter aufwärts drehn!
Den Tadsch-Mahâl!!

[...]

. . . .

[...]

Fut-blut e dut-dut,
ninho de colibri,
cinto solto, tamareira,
lótus corando, riso da rola,
abraço de lírio, borboleta,
orgulho à parte,
pelos em arrepio,
sit-sit e sut-sut e him-ham-him,
aperto de peitos, beber do botão,
abrir-se e fechar-se,
o anel, a . . . Isso não!! Isso não!! Pelo amor de Deus, não!! Isso não!! Isso não!!… Anel, dossel!
Quero mais é… Quero mais é… Quero mais é…
Anel, troféu!
Cornucópia, cabeça de peixe, álacre por um átimo,
trilha de fera na selva,
obelisco,
adaga-e-grito, esconderijo, muro do forte, arremessa-lança, perfura-escudo,
saguão, salão de chá,
tabernáculo,
chávena de saquê, amuleto,

furador, bate-estaca, cogumelo, fetiche,
lingam de jade,
Patagan,
foice prata revolvendo entre nuvens, arado cravado, parelha de touro,
o aloé púrpura, espiciforme, com sua carnuda polpa sucudensa a prumo, protuberando exuberante, o tamarisco
[de copiosa corpulência mais que florescente, sob véus
[de um rosa-rubro, pairalastrando plumas e leques,
os dois enormes sicômoros circunrameados, ascendendo ao céu incandescentes, assim lascivos, folhidesnudos,
[troncorpulentos, serpententaculares,
o campo de sorgo em ondas sinuosas, oscilantes, ventifendentes,
cisterna, poço,
moinho d'água,
canoa, laca-japonesa, cedro do Líbano, mangue agreste, jangada,
a barcaça titanicamente potente no rio Indo, em sua largueza xilomêmbrea, maciça, sólida, suntuosa,
[esta nau rema-contra-corrente,
o alto junco velinflado, em sua maciça esguialtivez, esse veleiro labaredeante-, crepitante-, oscilantemente
[dracoflamulado em pleno rio Yangtzé,
corrida naval de proa, a escada do Ganges, o oscilante punkah, mergulho por pérolas,
lampião, guarda-sol de palha, salão suntuoso,
leque, tocha, pelourinho,
soma para beber,
a sílaba om,
uma longa, ruidosa-, ridente-, turbulentamente filirretilínea viela em Yoshiwara, fervilhando exultante,
[vivilariante, lanterniluzente,
o molar de Buda, a mitra como insígnia, múrex, arum,
pagode, dagobá, cripta em gruta, gopurá torreado, mesquita de pilares,
aleia de ciprestes, e . . . Isso não!!… Isso não!!… Isso não!!… o Taj Mahal!

233

Paredes de crisoprásio, escadarias de turmalina, arcadas de berílio,
tetos de opala,
longos, safíricos, azeviches, turqueses,
topázicos, coríndicos
corredores se enleando labirínticos e, ao que parece, espiralando-se acima em crescente delírio!
O Taj Mahal!!

[...]

. . . .

[**Poema-non-plus-ultra** Phantasus]

Rings
um den Nordpol,
aus grünen, gleißenden, durchglitzernden Eissärgen,
schimmernd, flimmernd, glimmernd,
glitzen,
blitzen, sprühspritzen
die Gebeine unserer neuesten Märtyrer,
während ich mir hier, in meinem „schwellenden Boudoir",
mitten auf meinem bunten, turkestanischen, seidenweichen Frühlingsteppich,
vor meinem Schreibtisch,
in aller Behaglichkeit, in aller Bequemlichkeit, in aller Gemächlichkeit, Beschaulichkeit und Gemütsruhe
eine Zigarette anzünde.

. . . .

In die tanzenden Sonnenstäubchen
wirbelt der Rauch.
Aus der dunklen, milchig in allen Farben leuchtenden, brandend phosphoreszierenden Korallensee,
drüben auf der andern Seite
unsres leider Gottes alten, Gott sei Dank noch nicht ganz kalten,
unbedachten, ungeschlachten,
unzuverlässigen Wackelplaneten,
speit sich jetzt blutrot, plötzlich, plötzlich, speit sich jetzt plötzlich, hoch in die Nacht,

speit sich jetzt brüllend ein Berg über eine sinkende Insel,
über stürzende Städte taumelt das Meer!
Ein schwarzer, berstender Aschenhimmel, ein sich drehender, wirbelnder, mahlender Schlund –
ein blaues, lachendes, seliges Lichtland,
das Jahrbillionen lang geblüht hat,
ist
nicht mehr!

An den dünnen Beinen meines Bronzereihers
streife ich die Asche ab.

Zugleich
wurden in einem steinern kahlen, versteckt stummen, idyllisch einsam abseits gelegenen Höfchen
der stillen, altehrwürdig newa-umspülten, freundlichen Peter Paulsfestung
gegenüber dem Winterpalast
das hohe, blanke, nach rechts und links kettenverankerte Christuskreuz über der fernen, vergoldeten
[Zwiebelkuppel irgendeines schlanken
[Kathedralturms in der Morgensonne flinkerte,
Dampfer tuteten,
der „Verkehr" über die nahe, donnernde, eiserne Dreifaltigkeitsbrücke raste –
dreiundzwanzig Individuen beiderlei Geschlechts, darunter zwei Zwölfjährige,
gegen eine eigens zu diesem festlichen Zweck frisch geweißte Mauer gestellt,
ein upper ten thousand-man in New-York, 85 Wallstreet, in weiteren Kulturkreisen sonst unbekannt,
arrangierte von seinem mit echt florentiner Brokatgobelins wirklich nicht ganz geschmacklos verhangenen
[Privatkontor aus,
für den kommenden Frühherbst, im südlichen Indien,
per Kabeltelegramm,

– voraussichtlicher Mindestprofit 4 ½- Millionen Dollars –
zwischen lunch and dinner eine kleine Hungersnot,
Herr Pastor Müllensiefen aus Büdekump bei Brützebüttel, Westfalen,
noch gestern amtierender Ortsgeistlicher in Lüdenscheid,
hinterließ,
– unter fürsorglicher Mitnahme der erst kürzlich revidierten Kirchenkasse in den 9 Uhr 31 Zug nach Höxter,
[von da ab Hamburg,
seiner ihm schmerzlichst nachtrauernden Gemeinde,
außer diesem empörenden Skandal,
– wie es sich allem Vermuten nach wohl nur allzubald herausstellen, bestätigen, beziehungsweise ergeben dürfte –
ich wiederhole:
außer diesem empörenden Skandal,
auch noch siebzehn,
sage, schreie, schreibe und brülle, siebzehn,
siebzehn,
leider nicht mehr ganz intakte, scheußlichst von ihm angelackte,
drei davon durchaus kompakte,
christliche,
jugendliche Konfirmandinnen, respektive „Jungfrauen",
wovon fünf unter Dreizehn!

Ich puste kleine Kringel.

Unterdessen
wird ein preußischer Prinz in Windeln Leutnant,
in Brasilien
platzt ein Ochsenfrosch,

ein eben erst neu eingestellter Autoomnibus
saust mitten, mitten, mitten in Paris,
Place de l'Opéra,
mitten, mitten, mitten, mitten in die nach allen Seiten auseinanderrasselnden, auseinanderprasselnden,
auseinandertrümmernden Spiegelscheiben eines Coiffeurgeschäfts,
im englischen Unterhaus,
in einem Häufchen eingedrungner Suffragettes,
– schocking, schocking, Mister Focking! Mister Focking, schocking, schocking! –
ereignet sich eine Frühgeburt,
ein gekränkter Mann in Tokio, nach altem Brauch – was andre früher taten, kann man auch – hinter einem
[blühenden Syringerstrauch,
noch nachträglich, schlitzt sich den Bauch auf!
. . . .
Ich knipse den Rest
in das patinagrüne Lotosblatt,
über das mit bräunlichem Gehäuse, die Fühleraugen vorgestreckt, eine kleine Schnirkelschnecke kriecht,
lehne mich, äußerst vergnügt, zurück,
gedenke, das, was mir diese viereinhalb Minuten gaben,
mal irgendwie, mal irgendwo, mal irgendwann mit in mein Riesen-Phantasus-Nonplusultrapoem zu verweben,
– „So ist das Leben!" –
sehe das letzte Räuchlein, das letzte Häuchlein, noch grade soeben, spurlos verzittern, verschweben, verbeben
und freue mich über den schönen Vergissmeinnichtkranz, der nun schon seit vierzehn Tagen in meiner
[achteckigen Steinschüssel schwimmt!

. . . .

Em torno
do polo norte,
de dentro de verdes, luzentes, fluorescentes sarcófagos de gelo,
cintilando, oscilando, vacilando,
brilham,
chispam, faíscam
as relíquias dos nossos mais novos mártires,
enquanto eu aqui, em meu "abarcante budoar",
no meio do deste tapete turquestano de primavera, sedacetinado em cores diversas,
eu aqui na minha escrivaninha,
com todo conforto, bem cômodo, todo absorto, com todo sossego, todo sereno,
acendo um cigarro.

· · · · · · ·

Em meio ao pó que oscila ao sol,
a fumaça se espirala.
De dentro de um turvescuro mar de corais fosforescendo cores mil, luzindo leitoso em plena tormenta,
lá do outro lado
do nosso – graças aos céus – antigo – graças a Deus – nem tão frio,
inadvertido, inabatido,
volúvel planeta em desaprumo,
cospe agora rubro-sangue, de súbito, de súbito, cospe de súbito agora, alta noite,

uma montanha cospe agora, vociferoz, sobre uma ilha que submerge;
sobre cidades que desabam – o mar ameaça desmaiar!
Um céu preto explodindo cinzas, um precipício em rodopio remoinha e mói –
um lugar só luz, azul, em exultante êxtase,
há trilhões de anos em florescência,
não
há mais!

Sobre as pernas esguias da minha garça de bronze
bato a cinza do cigarro.
Enquanto isso,
no pétreo e parco, mudoculto, longidílico pátio solitário
da silente, veneranda, deleitante fortaleza de São Pedro e São Paulo, lavada pelo Neva à volta,
em frente ao Palácio de Inverno,
a cruz de Cristo luzia – desnuda nas alturas, ancoracorrentada à direita e à esquerda sobre aquele remoto bulbo
[dourado, a cúpula de um magro campanário de
[catedral – sob o sol nascente,
vapores buzinavam,
o "tráfego" através da trovejante ponte férrea da Trindade, cercana, acelerava –
vinte-e-três indivíduos dos dois sexos, entre os quais dois de doze anos,
acuados contra um muro recém-caiado para este próspero propósito,
um *upper ten thousand-man* de Nova York, 85 Wallstreet, desconhecido em outros círculos no mais,
apronta de dentro do seu escritório repleto de autênticos gobelins florentinos, de bom gosto até,
para o próximo outono, no sul da Índia,
por meio de um telegrama a cabo,

– projeção de um lucro mínimo de 4 ½ milhões de dólares –
uma pequena onda de fome entre *lunch* e *dinner*;
o Sr. Pastor Müllensiefen de Büdekump, nas imediações de Brühebüttel, Vestfália,
até ontem sacerdote paroquial de Lüdenscheid,
deixou
– levando aos seus cuidados o recém-improbado cofre da igreja, no trem de 9h31 para Höxter, e de lá para
[Hamburgo –
deixou para a sua comunidade de fiéis, agora em pesaroso luto,
além desse escândalo revoltante,
– conforme se viria a descobrir, comprovar ou constatar sem demora, confirmadas todas as suspeitas –
repito:
além desse escândalo revoltante,
mais dezessete,
digo, grito, escrevo e vocifero, dezessete,
dezessete,
infelizmente já não mais tão intactas, por ele abominavelmente defraudadas,
três delas um tanto compactas
cristãs,
jovens crismandas, respectivamente "virgens",
das quais cinco abaixo de treze anos!

Esbaforo círculos mínimos.

Enquanto isso,
um príncipe prussiano, ainda em fraldas, se torna tenente;
no Brasil
explode uma rã-touro;

um novo auto-ônibus
circula célere em plena, em plena, em plena Paris,
Place de l'Opéra,
em meio, em meio, em meio, em meio às estrondíspares, discordecoantes,
discrepitantes lustrivitrines de um salão de *coiffeur*,
já na Câmara dos Comuns da Inglaterra,
durante uma ocupação de *suffragettes*,
– *schocking, schocking, Mister Focking! Mister Focking, schocking, schocking!* –
ocorre um parto prematuro;
em Tóquio, um homem desonrado, segue um rito antigo – o que outros antes, por que não agora? – e, atrás
[de um arbusto de seringa em flor
dilacera a barriga com a lâmina!
. . . .
O resto eu registro
na folha de lótus verde-pátina,
sobre a qual rasteja um diminuto caramujo de concha castanha e antenas retesas;
reclino-me rindo,
recapitulo o que esses quatro minutos e meio me trouxeram,
o que se pode entretecer de certa forma, em certo onde, em certo quando neste meu Gigante-Poema-
[Nonplusultra *Phantasus*,
– "Assim é a vida...!" –
vejo o último esfumo, a última bruma que acaba de sucumbir, sumir, ir,
e me enterneço com a guirlanda de miosótis que já flutua na minha terrina de pedra octogonal há catorze dias!

. . . .

[...espreitam ciprestes...]

Um mein erleuchtetes Schloß,
aus dem, in die schwarze, schwere, schwüle,
stumme, lautlose
Nacht,
frohe, jubelnde,
lachende, schwirrende, brausende, klirrende,
schmetternde Klänge tönen,
aus dem Tschardaschs rasseln, aus dem Tamburins prasseln,
aus dem Zinken, Zymbeln, Pauken, Becken, Tuben, Posaunen und Drommeten dröhnen,
in dessen gleißenden, glimmernden, glitzernden, schimmernden,
kerzenflimmernden
Säulenspiegelsälen, Säulenspiegelgängen und Säulenspiegelhallen,
durch die Blumen fallen,
durch die, perlenstrudelnd, perlensprudelnd, perlenprudelnd, perlenprickelnd und kristallen,
lustvolle, lusttolle, lustschäumende Lieder schallen,
durch die Champagnerpfropfen knallen,
während die achtlos ausgelassen lärmend wildhitzig stürmisch ungestüm übermütig gegen die Wand
[geschleuderten Gläser springen,
während sich feurig, begehrlich, entflammt, trunken, versunken, hingerissen,
hingehend
Blicke in Blicke schlingen,
während uns, jauchzend, Fanfaren klingen, wir uns, selig, zu Paaren schwingen:
von niemand gewusst, von keinem bedacht,

nicht von einem gesehn,
stehn, wehn,
seufzen,
rauschen, lauschen
Zypressen!

Ich höre sie nicht! Ich fühle sie!

Alle meine Lichter werden verlöschen,
der letzte Geigenton
verklingt,
verfingt, zerspringt,
Einsamkeit, Dunkelheit,
Dunkelheit, Einsamkeit und Verlassenheit um mich
schweigt,
unten, aus dem raunend traumhaft violenblau tiefen,
blinkernden, flinkernden,
mattaufglänzenden Meer hoch,
über das jetzt nie,
nie, nie, nie mehr wieder die Sonne blitzt,
nie, nie, nie mehr wieder mein Segel flitzt, während unter mir die Welle spritzt,
steigt,
steigt, steigt es, steigt es
und steigt:
durchs Fenster,
in meinem brechenden Blick,
während mein Herz sich krampft, während mein Atem verröchelt,

während mein Leib
sich streckt,
starr,
steil, stier,
spiegelt sich . . . der Mond!

. . . .

Em torno do meu castelo luminoso,
adentrando a preta, pesada, opressiva,
muda, calada
noite,
soam alegres, hílares,
ferventes, tinintes, ridentes, trinantes
tons em estampido,
trilam csárdás, tamborins tinem,
ecoam cornetas, címbalos, tímpanos, pratos, tubas, trombones e trompetes,
e em seus fervilhantes, fosforescentes, fluorescentes, fuscoluzentes,
velicintilantes
corredores de espelhos entre peristilos, saguões de espelhos sob peristilos e salas de espelhos com peristilos,
pelos quais se precipitam flores,
pelos quais soam perliturbinantes, perliturbilhantes, perlifervilhantes, perliferventes e cristalinas,
lascivas, libidinosas, lúbricas cantigas,
pelos quais estouram rolhas de champagne,
enquanto copos se lançam relapsos, ruidosos, selvibravios, tempestuosos, impetuosos, insolentes contra a
[parede e se estilhaçam,
enquanto libidinosos, fogosos, febris, ébrios, imersos, extáticos,
ávidos
olhares se enovelam em olhares,
enquanto nós, hilários, ao som de fanfarras, pairamos extáticos aos pares:
sem ninguém perceber, sem ninguém saber,

sem ninguém ver,
se postam, assopram,
suspiram
sussurram, espreitam
ciprestes!

Não os ouço! Só os sinto!

Todas luzes minhas a se extinguir,
a última nota do violino
se dissipa,
se desvia, se extravia,
solitude, escuro,
escuro, solitude e abandono em torno,
tudo silencia;
abaixo, emergindo de um fundo púrpura, só sonho e sussurro,
de dentro de um cintilante, sibilante,
foscoruscante oceano,
sobre o qual jamais,
jamais, jamais, jamais sol algum voltará a raiar,
jamais, jamais, jamais vela alguma voltará a passar, enquanto lá embaixo a onda respinga
e vai subindo,
subindo, subindo, subindo
e subiu:
pela janela,
no meu olho que alquebra,
enquanto o coração convulsa, enquanto o respiro ofega,

enquanto o corpo
se estira,
estático,
escarpado, estarrecido,
ali se espelha ela . . . a lua!

. . . .

[...o que em mim lembra se alastra...]

[...]

Dunkel
hinter mir,
liegt nun die Welt.

Für ewig und immer!

Ein übler, trügerischer, trüb erloschner Höllenhimmel,
eine irre, wirre, flirre Nebelwüste, eine schale, kahle, fahl verblichne Schattenlandschaft!

Höher und höher
strebt
mein Geist,
läutert sich, erlöst sich,
hebt sich,
verschwebt sich, verwebt sich
ins All!

. . . .

249

Mein Staub
verstob;
wie ein Stern
strahlt mein Gedächtnis!

. . . .

[...]

Escuro,
atrás de mim
jaz agora o mundo.

Para todo o sempre!

Um céu-inferno a se extinguir lesivo, ilusório, turvo,
um confuso, difuso, efuso deserto de névoa, uma paisagem de sombras se desbotando insossa, fosca, tosca!

Acima e mais
acima aspiro,
meu espírito
se expurga, se expia,
se eleva,
esmorece, se mescla
ao universo!

. . . .

Meu pó
virou pó;
como um astro,
o que em mim lembra se alastra!

. . . .

Bibliografia

ARNDT, Erwin. *Deutsche Verslehre*. Bindlach: Gondrom, 1986.

BÄNSCH, Dieter; RUPRECHT, Erich (Hrsg.). *Jahrhundertwende: Manifeste und Dokumente zur deutschen Literatur 1890-1910*. Stuttgart: J.B. Metzlersche, 1981.

BENOIST-HANNAPPIER, Louis. *Die freien Rhythmen in der deutschen Lyrik: Ihre Rechtfertingung und Entwicklung*. Halle: Max Niemeyer, 1905.

BENSE, Max. Wörter ud Zahlen: Zur Textalgebra von Arno Holz (1964). *Radiotexte: Essays, Vorträge, Hörspiele*. Hrsg. Caroline Walther; Elisabeth Walther. Heidelberg: Universitätsverlag C. Winter, 2000.

BLEIBTREU, Karl. Andere Zeiten, andere Lieder! *Die Gesellschaft: Realistische Wochenschrift für Litteratur, Kunst und öffentliches Leben*, n. 47, nov. 1885. Disponível em: <https://www.uni-due.de/lyriktheorie/scans/1885_bleibtreu.pdf>. Acesso em: 3 mar. 2017.

BLÜMNER, Rudolf. August Stramm: Zu seinem zehnjährigen Todestag. Gefallen am 1. September 1915. *Der Sturm*, ano 16, Sep. 1925.

BRIK, Ossip. Ritmo e Sintaxe. In: TODOROV, Tzvetan (org.). *Teoria da Literatura: Textos dos Formalistas Russos*. Trad. Isabel Pascoal. Lisboa: Edições 1970. V. 2.

BRYAN, David H. Approaches to German Modernism: Wassily Kandinsky and Arno Holz. *New German Review*, Los Angeles, v. 11, 1995-1996.

BURNS, Rob. *The Quest for Modernity: The Place of Arno Holz in Modern German Literature*. Bern/Frankfurt: Peter Lang, 1981.

CAMPOS, Augusto de. *Irmãos Germanos*. Florianópolis: Noa Noa, 1992.

CAMPOS, Augusto de; CAMPOS, Haroldo de. *Re Visão de Sousândrade*. São Paulo: Perspectiva, 2002.

CAMPOS, Augusto de; PIGNATARI, Décio; CAMPOS, Haroldo de. *Teoria da Poesia Concreta: Textos Críticos e Manifestos 1950-1960*. Cotia: Ateliê, 2006.

CAMPOS, Haroldo de. *Transcriação*. São Paulo: Perspectiva, 2013.

____. *O Arco-Íris Branco*. Rio de Janeiro: Imago, 1997.

____. *Deus e o Diabo no Fausto de Goethe*. São Paulo: Perspectiva, 1981.

____. Da Tradução Como Criação e Como Crítica. *Metalinguagem*. 3. ed. São Paulo: Cultrix, 1976.

CHEVREL, Yves. Naturalisme et modernité. In: BERG, Christian; DURIEUX, Frank; LERNOUT, Geert (Eds.). *The Turn of the Century/Le Tournant du siècle: Modernism and Modernity in Literature and the Arts/Le Modernisme et la modernité dans la littérature et les arts*. Berlin/New York: Walter de Gruyter, 1995.

CLOSS, August. *Die freien Rhythmen in der deutschen Lyrik: Versuch einer übersichtlichen Zusammenfassung ihrer entwicklungsgeschichtlichen Eigengesetzlichkeit*. Berna: A. Francke A.G., 1947.

COSENTINO, Vincent J. *Walt Whitman und die deutsche Literaturrevolution: Eine Untersuchung über Whitmans Einfluss auf die deutsche Dichtung seit Arno Holz*. Tese (Doutorado em Filosofia). Philosophische Fakultät der Ludwig-Maximilian-Universität, München, 1968.

DENCKER, Klaus Peter. *Optische Poesie: Von den Prähistorischen Schriftzeichen bis zu den digitalen Experimenten der Gegenwart*. Berlin/New York: Walter de Gruyter, 2011.

DESSONS, Gérard; MESCHONNIC, Henri. *Traité du Rythme: Des Vers et des Proses*. Paris: Dunod, 1998.

DEUTSCH, Babette; YARMOLINSKY, Avrahm (Eds.). *Contemporary German Poetry*. New York: Harcourt, Brace and Company, 1923.

DEUTSCH, Babette. A Note on Modern German Poetry. *Poetry*, Chicago, v. 21, n. 3, dec. 1922. Disponível em: <http://www.poetryfoundation.org/poetrymagazine/browse/21/3#!/20573872>. Acesso em: 3 mar. 2017.

DÖBLIN, Alfred. Geleitwort. In: HOLZ, Arno. *Phantasus: Eine Auswahl*. Leipzig: Reclam, 1981.

_____. Einführung in eine Arno Holz-Auswahl. *Aufsätze zur Literatur*. Olten/Freiburg im Breisgau: Walter, 1963.

_____. Grabrede auf Arno Holz. *Aufsätze zur Literatur*. Olten/Freiburg im Breisgau: Walter, 1963.

_____. Vom alten zum neuen Naturalismus: Eine Akademie-Rede über Arno Holz. *Aufsätze zur Literatur*. Olten/Freiburg im Breisgau: Walter, 1963.

EMRICH, Wilhelm. Arno Holz und die moderne Kunst. In: HOLZ, Arno. *Werke*. Neuwied/Berlin: Hermann Luchterhand, 1964, v. 7. (Die Blechschmiede II.)

FÄHNDERS, Walter; VAN DEN BERG, Hubert (Hrsg.). *Metzler Lexikon Avantgarde*. Stuttgart/Weimar: J.B. Metzler, 2009.

FAUTECK, Heinrich. Arno Holz. *Neue Rundschau*, Berlin/Frankfurt, ano 77, v. 3, 1966.

FRELS, Onno. Zum Verhältnis von Wirklichkeit und künstlerischer Form bei Arno Holz. In: BÜRGER, Christa et al. *Naturalismus/Ästhetizismus*. Frankfurt: Suhrkamp, 1979.

FRIEDRICH, Hugo. *Die Struktur der modernen Lyrik: Von Baudelaire bis zur Gegenwart*. Hamburg: Rowohlt, 1956.

FUSSEL, Paul. *Poetic Meter and Poetic Form*. 2. ed. New York: Random, 1979.

GEISENDÖRFER, Karl. *Motive und Motivgeflecht im "Phantasus" von Arno Holz*. Tese (Doutorado em Estudos Literários Germânicos), Julius-Maximilians-Universität zu Würzburg, Würzburg, 1962.

GOMRINGER, Eugen. Konkrete Poesie als Mittel der Kommunikation einer neuen universalen Gemeinschaft. In: THURMANN-JAJES, Anne (Hrsg.). *Poesie – Konkret: Zur internationalen Verbreitung und Diversifizierung der Konkreten Poesie*. Köln: Salon, 2012.

_____. *worte sind schatten: die konstellationen 1951-1968*. Reinbek: Rowohlt, 1969.

GOMRINGER, Eugen (Hrsg.) [1972]. *Konkrete Poesie: Deutschsprachige Autoren*. Stuttgart: Phillipp Reclam Jun., 1991.

GRIMMINGER, Rolf. Aufstand der Dinge und der Schreibweisen: Über Literatur und Kultur der Moderne. In: GRIMMINGER, Rolf et al. *Literarische Moderne: Europäische Literatur im 19. und 20. Jahrhundert*. Reinbek bei Hamburg: Rowohlt, 1995.

_____. Der Sturz der alten Ideale: Sprachkrise, Sprachkritik um die Jahrhundertwende. In: GRIMMINGER, Rolf et al. *Literarische Moderne: Europäische Literatur im 19. und 20. Jahrhundert*. Reinbek bei Hamburg: Rowohlt, 1995.

HANSTEIN, Adalbert von. *Das jüngste Deutschland: Zwei Jahrzehnt miterlebte Literaturgeschichte*. 2. ed. Leipzig: R. Voigtländer's, 1900. Disponível em: <https://archive.org/stream/dasjngstedeutsco1hansgoog#page/n185/mode/2up>. Acesso em: 3 mar. 2017.

HARTMAN, Charles O. *Free Verse: An Essay on Prosody*. Evanston: Northwestern University Press, 1980.

HEISSENBÜTTEL, Helmut. Wortkunst: Arno Holz und August Stramm – Ein ideeler Vergleich. In: JORDAN, Lothar (Hrsg.). *August Stramm: Beiträge zu Leben, Werk und Wirkung*. Bielefeld: Aisthesis, 1995.

_____. Ästhetik der Wortkunst: Arno Holz und sein *Phantasus*. *Text + Kritik, 121: Arno Holz*. München: text + kritik, 1994.

_____. Vater Arno Holz. *Über Literatur*. Olten/Freiburg im Breisgau: Walter, 1966.

HENNE, Helmut. *Sprachliche Spur der Moderne in Gedichten um 1900: Nietzsche, Holz, George, Rilke, Morgenstern*. Berlin/New York: Walter de Gruyter, 2010.

HERMAND, Jost. Einleitung. In: HOLZ, Arno. *Phantasus*. New York/London: Johnson Reprint Corporation, 1968.

HOMEM DE MELLO, Simone. *O "Phantasus" de Arno Holz e a Tradução da Poesia de Vanguarda*. Tese (Doutorado em Estudos da Tradução), UFSC, Florianópolis, 2017.

_____. Augusto de Campos: Poesie als Notation. In: THURMANN-JAJES, Anne (Hrsg.). *Poesie – Konkret: Zur internationalen Verbreitung und Diversifizierung der Konkreten Poesie*. Köln: Salon, 2012.

HUMBOLDT, Wilhelm von. *Schriften zur Sprachphilosophie: Werke, v. 3*. Darmstadt: Wissenschaftliche, 1963.

JÜNGER, Friedrich Georg. *Rhythmus und Sprache im deutschen Gedicht*. 3. ed. Stuttgart: Klett-Cotta, 1987.

KAYSER, Wolfgang. *Kleine deutsche Versschule*. Tübingen/Basel: A. Francke, 1999.

KLEINSCHMIDT, Erich. "Wunderpapierkorb": Literarischer Enzyklopädismus als Kulturpoetik der Moderne bei Arno Holz. In: LUSERKE-JAQUI, Matthias; ZELLER, Rosmarie (Hrsg.). *Musil-Forum: Studien zur Literatur der klassischen Moderne*. V. 28. Berlin/New York: Walter de Gruyter, 2003-2004.

_____. Literatur als Experiment: Poetologische Konstellationen der „klassischen Moderne" in Deutschland. In: LUSERKE-JAQUI, Matthias; ZELLER, Rosmarie. *Musil- Forum: Studien zur Literatur der klassischen Moderne*. V. 27. Berlin/New York: Walter de Gruyter, 2001-2002.

KLEITSCH, Franz. *Der "Phantasus" von Arno Holz*. Würzburg-Aumühle: K. Triltsch, 1940.

KIESEL, Helmuth. *Geschichte der literarischen Moderne: Sprache, Ästhetik, Dichtung im zwanzigsten Jahrhundert*. München: C.H. Beck, 2004.

KITTLER, Friedrich. Ein Höhlengleichnis der Moderne: Lesen unter hochtechnischen Bedingungen. *Zeitschrift für Literaturwissenschaft und Linguistik*, 57-58. Göttingen: Vandenhoeck & Ruprecht, 1985.

KOOPMANN, Helmut. *Deutsche Literaturtheorien zwischen 1880 und 1920: Eine Einführung*. Darmstadt: Wissenschaftliche Buchgesellschaft, 1997.

KRAJEWSKI, Markus. *Restlosigkeit. Weltprojekte um 1900*. Frankfurt: Fischer Taschenbuch, 2006.

KRISTEVA, Julia. *La Révolution du langage poétique: L'Avant-garde à la fin du XIXe siècle – Lautréamont et Mallarmé*. Paris: Seuil, 1974.

LOCKEMANN, Fritz. *Der Rhythmus des deutschen Verses*. München: Max Hueber, 1960.

MADER, Ernst T. Ist es, was es ist? Mutmaßungen über Sprache bei Martin Walser und Arno Holz. In: BAROTA, Mária et al. (Ed.). *Sprache(n) und Literatur(n) im Kontakt*. Szombathely: Maedinfo Szombathely, 2002.

MALLARMÉ, Stéphane. *Œuvres complètes*. Org. Bertrand Marchal. Paris: Gallimard, 2003. V. 2.

MARTINI, Fritz. *Das Wagnis der Sprache*. Stuttgart: E. Klett, 1954.

MENNEMEIER, Franz-Norbert. *Literatur der Jahrhundertwende I: Europäisch-deutsche Literaturtendenzen 1870-1910*. Bern/Frankfurt/New York: Peter Lang, 1985.

MESCHONNIC, Henri. Traduire: Écrire ou Désécrire (Traduzir: Escrever ou Desescrever). Tradução de Claudia Borges de Faveri e Marie-Hélène Catherine Torres. *Scientia Traductionis*, Florianópolis, n. 7, 2010.

_____. *Poétique du Traduire*. Lagrasse: Verdier, 1999. (Ed. bras.: *Poética do Traduzir*. Tradução de Jerusa Pires Ferreira e Suely Fenerich. São Paulo: Perspectiva, 2010.)

_____. *Critique du rythme: Anthropologie historique du langage*. Lagrasse: Verdier, 1982.

_____. *Pour la Poétique: Épistémologie de l'Écriture – Poétique de la Traduction*. Paris: Gallimard, 1973. V. 2.

MÖBIUS, Hanno. *Der Naturalismus: Epochendarstellung und Werkanalyse.* Heidelberg: Quelle & Meyer, 1982.

MON, Franz. Beispiele. *Texte über Texte.* Neuwied-Berlin: Luchterhand, 1970.

NAGEL, Bert. *Der freie Vers in der modernen Dichtung.* Göttingen: Kümmerle, 1989.

NEUMANN, Bernd Helmut. *Die kleinste poetische Einheit: Semantisch-poetologische Untersuchungen an Hand der Lyrik von Conrad Ferdinand Meyer, Arno Holz, August Stramm und Helmut Hei⊠enbüttel.* Wien/Colônia: Böhlau, 1977.

NICOLAUS, Norbert. Das Lied von der Menschheit – Arno Holz: „Phantasus" im Lichte indischer Weisheitslehre, *German Studies in India,* v. 1, n. 1, 1977 – v. 13, n. 3, 1989. Ausgewählte Beiträge aus 12 Jahren indischer Germanistik/Germanistik in Indien). München: Iudicium, 1990.

NOLTE, Jost. Der naturalistischer Versuch des Arno Holz. *Grenzgänge: Berichte über Literatur.* Wien: Europaverlag, 1972.

OESTE, Robert. *Arno Holz: The Long Poem and the Tradition of Poetic Experiment.* Bonn: Bouvier Verlag Herbert Grundmann, 1982.

OVÍDIO. *Metamorfoses.* Tradução de Manuel Maria Barbosa du Bocage. São Paulo: Hedra, 2000.

RARISCH, Klaus M. Arno Holz und Berlin. *Text + Kritik, 121: Arno Holz.* München: text + kritik, 1994.

_____. Niepepiep. *Die Horen,* Hannover, ano 24, n. 116, v. 4, 1979.

_____. Wüster, rothester Socialdemokrat. *Die Horen,* Hannover, ano 24, n. 116, v. 4, 1979.

RESS, Robert. Arno Holz arbeitet am Phantasus. *Die Horen.* Hannover, Ano 24, n. 116, v. 4, 1979.

RESS, Robert. *Die Zahl als formendes Weltprinzip: Ein letztes Naturgesetz.* Berlin: Rembrandt, 1926.

_____. *Arno Holz und seine künstlerische, weltkulturelle Bedeutung: Ein Mahn- und Weckruf an das deutsche Volk.* Dresden: Carl Reißner, 1913.

RIHA, Karl. Vom Naturalismus zum Expressionismus. In: HINDERER, Walter (Hrsg.). *Geschichte der deutschen Lyrik vom Mittelalter bis zur Gegenwart.* Stuttgart: Reclam, 1983.

SARAN, Franz. *Deutsche Verslehre.* München: C.H. Beck'scher, 1907.

SASSE, Günter. Die Sprachkritik als reflexionsfreie Sprachmimesis: Arno Holz Phantasus. *Sprache und Kritik: Untersuchungen zur Sprachkritik der Moderne.* Göttingen: Vandenhoeck & Ruprecht, 1977.

SCHICKLING, Dieter. *Interpretationen und Studien zur Entwicklung und geistesgeschichtlichen Stellung des Werkes von Arno Holz.* Tese (Doutorado em Filosofia). Universidade de Tübingen, Tübingen, 1965.

SCHLEGEL, Friedrich. *Kritische Schriften und Fragmente I: 1794-1797.* Hrsg. Ernst Behler e Hans Eichner. *Kritische Friedrich-Schlegel-Ausgabe,* v. 1. München/Wien/Zürich: Ferdinand Schöningh/Thomas, 1988.

_____. *Charakteristiken und Kritiken I (1796-1801).* Hrsg. Hans Eichner. *Kritische Friedrich-Schlegel-Ausgabe,* v. 2. München/Wien/Zürich: Ferdinand Schöningh/Thomas, 1967.

SCHERPE, Klaus R. Die Literaturrevolution der Naturalisten: Der Fall Arno Holz. *Poesie der Demokratie: Literarische Widersprüche zur deutschen Wirklichkeit vom 18. zum 20. Jahrhundert.* Köln: Pahl-Rugenstein, 1980.

SCHEUER, Helmut. *Arno Holz im literarischen Leben des ausgehenden 19. Jahrhunderts (1883-1896): Eine biographische Studie.* München: Winkler, 1971.

SCHIEWE, Gesine Lenore. *Poetische Gestaltkonzepte und Automatentheorie: Arno Holz – Robert Musil – Oswald Wiener.* Würzburg: Königshausen & Neumann, 2004.

SCHMIDT-HENKEL, Gerhard. *Mythos und Dichtung: Zur Begriffs- und Stilgeschichte der deutschen Literatur im neunzehnten und zwanzigsten Jahrhundert.* Berlin/Zürich: Gehlen Bad Homburg, 1967.

SCHULTZ, Hartwig. *Vom Rhythmus der modernen Lyrik: Parallele Versstrukturen bei Holz, George, Rilke, Brecht und den Expressionisten.* München: Carl Hanser, 1970.

SCHULZ, Gerhard. *Arno Holz: Dilemma eines bürgerlichen Dichterlebens.* München: C.H. Beck, 1974.

_____. Sprache im „Phantasus" von Arno Holz. *Akzente: Zeitschrift für Literatur*, ano 18, n. 4. München: Carl Hanser, 1971.

SPITZER, Leo. *La Enumeración Caótica en la Poesía Moderna*. Buenos Aires: Faculdade de Filosofía y Letras de la Universidad de Buenos Aires/Instituto de Filología, 1945.

STEELE, Timothy. *Missing Measures: Modern Poetry and the Revolt Against Meter*. Fayetteville/London: The University of Arkansas Press, 1990.

STROHSCHNEIDER-KOHRS, Ingrid. Sprache und Wirklichkeit bei Arno Holz. *Poesie und Reflexion: Aufsätze zur Literatur*. Tübingen: Max Niemeyer, 1999.

STÜBEN, Jens. Anch'io sono pittore! Bilder und Imaginationen im „Phantasus" von Arno Holz. In: GRÜNING, Hans-Georg (a cura di). *Immagine – Segno – Parola: Processi di Trasformazione*. V. 1. Milano: Dott. A. Giuffrè, 1999.

TRABANT, Jürgen. Le Humboldt d'Henri Meschonnic. In: DESSONS, Gérard et al. *Henri Meschonnic, la pensée et le poème*. Paris: Éditions in Press, 2015.

VAN HOORN, Tanja. Biogenesis: Arno Holz' „Phantasus" als poetische Transformation zeitgenössischer Entwicklungstheorien (Haeckel, Bölsche). In: VALENTIN, Jean-Marie (Hrsg.). *Akten des XI. Germanistenkongresses Paris 2005: Germanistik im Konflikt der Kulturen*. Bern/Berlin/Frankfurt/New York/Oxford/Wien: Peter Lang, 2008.

VIETTA, Silvio. *Neuzeitliche Rationalität und moderne literarische Sprachkritik*. München: Wilhelm Fink, 1981.

VON EDLINGER, Carola. *Kosmogonische und mythische Weltentwürfe aus interdiskursiver Sicht. Untersuchungen zu Phantasus (Arno Holz)*, Das Nordlicht (*Theodor Däubler*) *und* Die Kugel (*Otto zur Linde*). Frankfurt/Berlin/New York: Peter Lang, 2002.

WALDEN, Herwarth. Bab, der Lyriksucher. *Der Sturm: Wochenschrift für Kultur und die Künste*, Berlin, ano 3, n. 123-124, Aug. 1912. Disponível em: <https://www.uni-due.de/lyriktheorie/scans2/1912_walden1.pdf>. Acesso em: 3 mar. 2017.

WELLER, David. *Arno Holz: Anfänge eines Dichterlebens*. Würzburg: Königshausen & Neumann, 2013.

WENDE, Waltraud. Modern sei der Poet, modern vom Scheitel bis zur Sohle… Zum Verhältnis von Kunsttheorie und literarischer Praxis bei Arno Holz. *Text + Kritik, 121: Arno Holz*. München: text + kritik, 1994.

WENTZLAFF-EGGEBERT, Harald. Arno Holz und Jacques Prévert. In: WENTZLAFF-EGGEBERT, Harald (Hrsg.). *Die Legitimation der Alltagssprache in der modernen Lyrik: Antworten aus Europa und Lateinamerika*. Erlangen: Universitätsbun Erlangen-Nürnberg, 1984.

WINKO, Simone. „Hinter blühenden Apfelbaumzweigen steigt der Mond auf": Japanrezeption und Wahrnehmungsstruktur in Arno Holz' frühem „Phantasus". *Jahrbuch der deutschen Schillergesellschaft*. Stuttgart: Alfred Kröber, 1994.

WITTGENSTEIN, Ludwig. *Philosophische Untersuchungen*. Frankfurt: Suhrkamp, 2003.

WOHLLEBEN, Robert. Der wahre *Phantasus*: Studie zur Konzeption des Hauptwerks von Arno Holz. *Die Horen*, Hannover, ano 24, n. 114, v. 4, 1979.

ZIMMERMANN, Hans Dieter. „Ein Kukuk ruft": Asiatische Einflüsse in der Lyrik von Arno Holz. *Text + Kritik, 121: Arno Holz*. München: text + kritik, 1994.

FONTES DOS TEXTOS TRADUZIDOS

De Arno Holz:

Phantasus. V. 1. Berlin: Sassenbach, 1898.

Phantasus. V. 2. Berlin: Sassenbach, 1899.

Phantasus. Leipzig: Insel, 1916.

Phantasus. In: *Das Werk von Arno Holz*. V. 1-3. Berlin: I.H.W. Dietz Nachfolger, 1925.

Phantasus. In: *Werke*. V. 1, 2 3. Berlin/Neuwied (Rhein): Luchterhand, 1961-1962.

[...antes de vir à luz...]: *Phantasus*, 1916, p. 7.

[...retorno contínuo...]: *Phantasus*, 1916, p. 11-12.

["Inferno", em Quatro Edições]: *Phantasus*, 1899, s/n.; *Phantasus*, 1916, p. 218-219; *Phantasus*, 1925, v. 7, p. 355-357; *Phantasus*, 1961, p. 434-437.

[...éons e éons já ciente de mim...]: *Phantasus*, 1916, p. 21-23.

[...em arabescos bizarros, fantásticos e desatinados...]: *Phantasus*, 1916, p. 115.

[...em torno de um arabesco que se arqueia...]: *Phantasus*, 1916, p. 117-119.

[...quedas d'água vertendo vórtices...]: *Phantasus*, 1916, p. 120-121.

[...o podômetro protocola...]: *Phantasus*, 1916, p. 122-123.

[...através desses pântanos fluidos...]: *Phantasus*, 1916, p. 124-125.

[...serras paralelas, semeadas de agrestes...]: *Phantasus*, 1916, p. 126.

[...uma topografia todavia nem tão fidedigna...]: *Phantasus*, 1916, p. 126-127.

[...seus vórtices em meio ao silêncio insonoro...]: *Phantasus*, 1916, p. 128.

[...este *Rhythmikon*...]: *Phantasus*, 1916, p. 142-144.

[...corredores se enleando labirínticos...]: *Phantasus*, 1916, p. 193-194.

[Poema-non-plus-ultra *Phantasus*]: *Phantasus*, 1916, p. 209-211.

[...espreitam ciprestes...]: *Phantasus*, 1916, p. 322-323.

[...o que em mim lembra se alastra...]: *Phantasus*, 1916, p. 335-336.

"PHANTASUS" E OUTROS TEXTOS DE ARNO HOLZ

L'Altro Phantasus. Trad. Enzo Minarelli e Donatella Casarini. Udine: Campanotto, 2015.

Die Kunst, ihr Wesen und ihre Gesetze. Zwei Folgen (1891/1892). North Charleston: CreateSpace, 2013.

Phantasus. A cura di e trad. Donatella Casarini e Enzo Minarelli. Udine: Campanotto, 2008.

Phantasus. Trad. Huguette et René Radrizzani. Chambéry: Comp'act, 2001.

Marinha Barroca. In: CAMPOS, Haroldo de. *O Arco-Íris Branco: Ensaios de Literatura e Cultura*. Tradução de Augusto de Campos e Haroldo de Campos. Rio de Janeiro: Imago, 1997.

Pain. Trad. David Dodd. Publicado on-line em 1996, revisado em 1999 [S.l.: s.n.]. Disponível em: <http://artsites.ucsc.edu/GDead/agdl/holz.html>. Acesso em: 3 mar. 2017.

Dying Away. Trad. David Dodd. Publicado on-line em 1996, revisado em 1999 [S.l.: s.n.]. Disponível em: <http://artsites.ucsc.edu/GDead/agdl/holz.html>. Acesso em: 3 mar. 2017.

Birth and Baptism. Trad. David Dodd. Publicado on-line em 1996, revisado em 1999. Disponível em: <http://artsites.ucsc.edu/GDead/agdl/holz.html>. Acesso em: 3 mar. 2017.

Purzmalunder. Trad. David Dodd. Publicado on-line em 1996, revisado em 1999 [S.l.: s.n.]. Disponível em: <http://artsites.ucsc.edu/GDead/agdl/holz.html>. Acesso em: 3 mar. 2017.

Self-Assured Upbeat. Trad. David Dodd. Publicado on-line em 1996, revisado em 1999 [S.l.: s.n.]. Disponível em: <http://artsites.ucsc.edu/GDead/agdl/holz.html>. Acesso em: 3 mar. 2017.

Sou uma Estrela. In: CAMPOS, Augusto de. *Irmãos Germanos.* Tradução de Augusto de Campos. Florianópolis: Noa Noa, 1992.

Lá Fora as Dunas. In: CAMPOS, Augusto de. *Irmãos Germanos.* Tradução de Augusto de Campos. Florianópolis: Noa Noa, 1992.

Werke. 7 v. Berlin/Neuwied: Luchterhand, 1961-1964.

Phantasus. In: *Werke.* V. 1, 2 3. Berlin/Neuwied: Luchterhand, 1961-1962.

Briefe. Hrsg. Anita Holz und Max Wagner. München: R. Piper & Co., 1948.

Die neue Wortkunst: Eine Zusammenfassung ihrer ersten grundlegenden Dokumente. In: *Das Werk von Arno Holz.* V. 10. Berlin: I.H.W. Dietz Nachfolger, 1925.

Phantasus. In: *Das Werk von Arno Holz.* V. 1, 2, 3. Berlin: I.H.W. Dietz Nachfolger, 1925.

From Phantasus (On a Montain of Sugar-Candy). Trad. Babette Deutsch e Avrahm Yarmolinsky. *Poetry: A Magazine of Verse,* Chicago, v. XXI, n. 3, dec. 1922.

Die befreite deutsche Wortkunst. Wien/Leipzig: Avalun, 1921.

Before My Window. Trad. Alec W.G. Randall. *The Egoist: An Individualist Review,* v. II, n. 11, 10 Nov. 1915.

Phantasus. Leipzig: Insel, 1916.

The Sun Was Sinking. Trad. Alec W.G. Randall. *The Egoist: An Individualist Review,* v. II, n. 11, 10 Nov. 1915.

Phantasus. 3 v. Dresden: Reißner, 1913.

____. La lyrique du monde entier... *Poesia: Rassegna internazionale,* Jg. 2, Heft 3-5, April-Juni 1906. Disponível em: <https://www.uni-due.de/lyriktheorie/texte/1906_holz.html>. Acesso em: 3 mar. 2017.

____. *Phantasus.* V. 2. Berlin: Sassenbach, 1899.

____. *Revolution der Lyrik.* Edição fac-similar. [S/l]: Book Renaissance, [s/d.]. Berlin: Jojann Saffenbach, 1899.

____. *Phantasus.* V. 1. Berlin: Sassenbach, 1898.

____. Ein offener Brief an Herrn Richard Fellner: Die Dichtkunst der Jetztzeit. *Kyffhäuser Zeitung: Wochenschrift für alle Universitätsangehörige deutschen Stammes und deutscher Zunge.* Ano III, 1883. Disponível em: <https://www.unidue.de/lyriktheorie/scans/1883_holz.pdf>. Acesso em: 3 mar. 2017.

FSC
www.fsc.org

MISTO

Papel produzido
a partir de
fontes responsáveis

FSC® C133282

Este livro foi impresso na cidade de São Bernardo do Campo,
nas oficinas da Paym Gráfica e Editora, em maio de 2022,
para a Editora Perspectiva.